W9-CYN-024

Los niños de la guerra

Guillermo González Uribe

Los niños de la guerra
Quince años después

AGUILAR

Título: *Los niños de la guerra*
Primera edición en Aguilar: julio, 2016
Primera reimpresión: agosto, 2016
Segunda reimpresión: noviembre, 2016

© 2016, Guillermo González Uribe
© 2016, de la presente edición en castellano para todo el mundo:
Penguin Random House Grupo Editorial, S. A. S.
Cra 5A No 34A – 09, Bogotá – Colombia
PBX: (57-1) 743-0700
www.megustaleer.com.co
Fotografía de cubierta: Marcelo A. Salinas

Impreso en Colombia–*Printed in Colombia*

ISBN: 978-958-8912-67-7

Compuesto en caracteres Garamond
Impreso en Nomos Impresores, S. A.

| Penguin
Random House
Grupo Editorial |

A Simón, mi hijo, a sus amigos y
a los niños, niñas y jóvenes del mundo.

Contenido

Prefacio

Quince años después

Quince años después de la publicación del libro *Los niños de la guerra*, busqué a sus once protagonistas. Logré hablar con cinco de ellos, hoy adultos. Esta edición recoge los testimonios originales y los nuevos relatos. Sus vidas son disímiles. Pese a la dureza de lo que ha enfrentado cada uno, sus palabras son alentadoras. Por petición de los jóvenes, mantengo los nombres en el anonimato.

El presente volumen incluye también las palabras del profesor Rafael Gutiérrez Girardot (qepd) para la presentación del libro en la antigua sede de la Casa de la Literatura (Literaturhaus) de Bonn. Así mismo comprende a manera de epílogo, un texto que busca indagar sobre los niños y la guerra en Colombia, y en el apéndice, una entrevista con Julián Aguirre, quien durante varios años fue el coordinador del Grupo de Atención a Niños Víctimas de la Violencia por el Conflicto Armado, del ICBF, sobre el devenir de los niños y este programa.

Es primordial escuchar en estos tiempos la voz de los niños, niñas y jóvenes protagonistas de esta guerra, oír lo que piensan y sienten quienes la han sufrido en carne propia. Hay los que desde el odio llaman a continuar la guerra con los niños y jóvenes de los otros.

¿Qué pasó con los niños de los paramilitares?

La pregunta: ¿Cómo pueden ser útiles las experiencias personales e institucionales que se narran en este libro en el actual proceso de paz que vive el país?, llevó a explorar lo ocurrido con los niños durante el proceso de reinserción de los paramilitares.

Álvaro Villarraga Sarmiento afirma: «En las desmovilizaciones colectivas de los paramilitares de las Autodefensas Unidas de Colombia (AUC) y grupos similares, entre el 2003 y el 2006, se estima que sólo un 10 % de los niños, niñas y adolescentes reclutados fueron legalizados y vinculados al programa del Instituto Colombiano de Bienestar Familiar (ICBF), mientras que la gran mayoría fue ocultada en su proceso de desvinculación por parte de mandos paramilitares, …al parecer en varios casos con anuencia de algunos funcionarios oficiales…»[1].

Villarraga menciona el informe de la Procuraduría General de la Nación del 2006 en relación con el proceso adelantado por el gobierno de Álvaro Uribe: «Dentro del proceso de negociación que antecede a la desmovilización colectiva, no se ve que se esté discutiendo el tema de los niños, niñas y adolescentes. Así, las noticias se desarrollan en torno a las armas y bienes, y no con respecto a la necesidad de esclarecer el paradero de 11.000 a 14.000 niños, niñas y adolescentes… En general, el gobierno nacional no toma como parte esencial de la problemática del conflicto armado y la desmovilización, a los niños, niñas y adolescentes…»[2].

---

1   Villarraga Sarmiento, Álvaro, *et al.*, «Desafíos para la reintegración. Enfoques de género, edad y etnia», p. 306. Centro Nacional de Memoria Histórica, Bogotá, 2013. http://www.centrodememoriahistorica.gov.co/descargas/informes2013/ddr/desafios-reintegracion.pdf

2   Procuraduría General de la Nación, «Control preventivo y seguimiento a las polí-

Señala Villarraga que el informe de la Procuraduría hace también mención de la solicitud hecha por el entonces Procurador General Edgardo Maya al Alto Comisionado para la Paz Luis Carlos Restrepo, en la que pregunta por los niños y jóvenes desvinculados durante el proceso con los paramilitares, y a la respuesta de Restrepo en el sentido de que no podía responder porque el encargado del proceso es el ICBF. Frente a lo cual, la Procuraduría concluye: «...Se remite la responsabilidad de los niños, niñas y adolescentes al ICBF, sin incidencia de las consideraciones del proceso de desmovilización y reinserción... Nada se argumenta de la situación, medidas de protección y éxito del proceso de reinserción de los niños, niñas y adolescentes».

En la presentación del informe sobre desmovilización y reinserción, el 15 de julio del 2006, el procurador Maya anunció: «Los paramilitares no han cumplido con la obligación de entregar al Estado a los niños y adolescentes reclutados, a pesar de que ese es uno de los requisitos para acceder a los beneficios de las penas alternativas»[3]. Reiteró la Procuraduría que el Alto Comisionado para la Paz hasta entonces sólo había respondido con evasivas a sus requerimientos sobre el tema.

El portal *Verdad Abierta* indica: «Una y otra vez, en las versiones de Justicia y Paz, los exjefes paramilitares han dicho que no incluyeron a los niños en el proceso de desmovilización por recomendación del Alto Comisionado para la Paz,

---

ticas públicas en materia de desmovilización y reinserción», tomo II, p. 337, 2006. http://www.procuraduria.gov.co/portal/media/file/descargas/publicaciones/tomo2_reinsertados.pdf

3   «¿Y dónde están los niños reclutados por los paras?», *El Tiempo,* 16 de julio del 2006. http://www.eltiempo.com/archivo/documento/mam-2067516

Luis Carlos Restrepo. Según los "paras", el funcionario no quería presentar niños desmovilizados ante la comunidad internacional»[4].

Cuando fue claro que la mayoría de los niños y jóvenes que estaban con los paramilitares no fueron vinculados al programa, el ICBF, con el apoyo de la Defensoría del Pueblo y la Organización Internacional para las Migraciones (OIM), creó el programa "Buscando a Nemo", cuyo objetivo era encontrar a los niños que no fueron desmovilizados. Encontraron 273, de los cuales sólo 17 aún eran menores de edad.

Cuenta María Flórez en *El Espectador* que años después de la realización del proceso de reinserción, el comandante paramilitar Iván Roberto Duque, alias Ernesto Báez, relató ante el Tribunal Superior de Bogotá que el Alto Comisionado para la Paz, Luis Carlos Restrepo, le informó que por orden del presidente Álvaro Uribe no se podían desmovilizar los menores: «Yo acompañé al doctor Restrepo al Putumayo, allí nos reunimos en un estadero. Entonces me llamó poderosamente la atención que a la mesa donde estábamos se acercaron dos menores, casi a suplicarle al comisionado que por qué no los metían "a la vuelta". Cuando yo le dije que solucionáramos este problema, el doctor Restrepo respondió: "No, son instrucciones del señor Presidente"»[5].

Agrega la periodista Flórez: «En marzo del 2006, la madre de uno de esos jóvenes se dirigió a la zona de concentración de los "paras" en Puerto Asís y le pidió a Carlos Mario

---

4   «Mujeres, minorías y niños, llevan la peor parte», *Verdad Abierta,* 28 de noviembre del 2013. http://www.verdadabierta.com/component/content/article/203-victimarios/desmovilizados/5052-como-se-desmovilizaron-las-minorias

5   Flórez, María, *El Espectador,* "Luis Carlos Restrepo no quería saber nada de menores combatientes: Báez'", Bogotá, 17 de julio del 2014: http://www.elespectador.com/noticias/judicial/luis-carlos-restrepo-no-queria-saber-nada-de-menores-co-articulo-505085

Ospina, comandante urbano del Bloque Sur, que incluyera a su hijo en el proceso con el gobierno: "Ustedes lo utilizaron, ¿no les sirvió pues en la guerra? Ustedes le pusieron uniforme y le dieron arma a mi hijo, ¿ahora lo van a dejar tirado?". Ante la insistencia de los menores y sus familias, Ospina se comunicó con Báez, quién le respondió que "el doctor Luis Carlos Restrepo no quiere de ninguna manera saber de los menores, la orden es clara: que se los lleven de ahí, que no pueden estar siquiera cerca del escenario donde se van a llevar a cabo las desmovilizaciones"».

Y a reglón seguido escribe María Flórez: «Según los testimonios de las víctimas y los "exparas", como los jóvenes no se pudieron desmovilizar quedaron a su suerte y varios de ellos fueron reclutados por los grupos armados ilegales que operan en el Putumayo. Como consecuencia, uno de los menores fue víctima de un atentado y al menos otros tres fueron asesinados después de la desmovilización, entre ellos los que según Báez le "suplicaron" a Luis Carlos Restrepo que les permitiera acceder a los beneficios del Estado. Por eso, Carlos Mario Ospina le dijo al Tribunal (de Bogotá) que "la obligación de nosotros sí era llevarlos al Bienestar Familiar, pero no nos dieron los mecanismos para hacerlo. Esa situación es responsabilidad del Comisionado de Paz, que no nos dio las herramientas para brindarles protección a estos muchachos"».

Julián Aguirre[6] señaló que en el proceso con las AUC, de 36.000 desmovilizados, sólo entregaron 400 niños: «¿Qué pasó con los chicos de las AUC, que no eran 400 sino cerca de 4.000? Salieron por la puerta de atrás». Relata Aguirre

---

6   Entrevista personal con Julián Aguirre, quien fuera coordinador del Grupo de Atención a Niños Víctimas de la Violencia por el Conflicto Armado, del ICBF, entre los años 2000 y 2006..

que por esa época la Corte Penal Internacional había instituido el reclutamiento de menores como un delito de lesa humanidad, y que posiblemente ésta fue la razón que tuvieron para hacerle el quite al tema durante el proceso de reincorporación de los paramilitares: «Pienso que no midieron lo que estaban haciendo». Añade que cuando ocurren las primeras entregas de paramilitares, en el 2003, lo primero que hicieron los del bloque Cacique Nutibara fue entregar niños: «Nosotros los recibimos y a las pocas horas tuvimos claro que eran niños que habían reclutado en las comunas de Medellín, así como luego, los que supuestamente desertaron de las FARC, los del Cacique Gaitana, habían sido reclutado ocho días antes en el Bronx de Bogotá». Para Julián Aguirre es claro que en el caso de las AUC la orientación era sacar a los muchachos por el lado, y que si los iban a entregar, lo hicieran como un gesto de buena voluntad, y no como un acuerdo entre el gobierno y los paramilitares.

¿De cuántos niños y jóvenes estamos hablando? Las cifras aproximadas hablan de cerca de 4.000 niños, que en lugar de ser incluidos dentro del proceso de reinserción de los paramilitares, fueron devueltos, sin ningún acompañamiento, garantía, protección o formación, a sus lugares de origen, donde habían participado en la comisión de graves delitos, como robos, secuestros, asesinatos y masacres, quedando expuestos a la venganza de sus víctimas o sus familiares. Otros fueron a la delincuencia común. Estos hechos aún están por investigar. ¿Se trata de un crimen de lesa humanidad?

Lo que queda claro es que de ninguna manera se puede repetir esta práctica en el proceso de paz que se adelanta ahora con la guerrilla.

Un elemento esperanzador dentro del actual proceso de paz es el compromiso al cual llegaron el Gobierno nacional y las FARC, dentro de las conversaciones de La Habana, el pasado 16 de mayo del 2016, instituido al firmar el «Acuerdo sobre la salida de menores de 15 años de los campamentos de las FARC-EP y compromiso con la elaboración de una hoja de ruta para la salida de todos los demás menores de edad y un programa integral especial para su atención»[7]. Este acuerdo se logró gracias al apoyo de la Representante Especial del Secretario General de las Naciones Unidas para la Cuestión de los Niños y los Conflictos Armados, señora Leila Zerrougui y de Unicef Colombia.

El único punto preocupante de este acuerdo es que, al parecer, no ha tomado en cuenta la larga y exitosa experiencia del ICBF en el tema, omisión que se debe solucionar para poderlo implementarlo en forma adecuada[8].

GUILLERMO GONZÁLEZ URIBE,
Bogotá, junio del 2016

---

7   Texto completo del acuerdo: https://www.mesadeconversaciones.com.co/comunicados/comunicado-conjunto-70-la-habana-cuba-15-de-mayo-de-2016

8   Artículo de Carolina Nieto: http://www.razonpublica.com/index.php/conflicto-drogas-y-paz-temas-30/9537-lo-bueno-y-lo-malo-del-acuerdo-de-desvinculación-de-menores-de-las-farc.html.
     Sobre el tema ver también la entrevista con Julián Aguirre en el anexo de esta edición, p. 251.

«Dar la palabra a las víctimas de la violencia»

Intervención del profesor Rafael Gutiérrez Girardot durante la presentación del libro Los niños de la guerra, *en la antigua Casa de la Literatura de Bonn, evento organizado por Bettina Gutiérrez y Ángela Barón, de La Librería de Bonn, marzo del 2004.*

E l libro de Guillermo González Uribe, que hoy se presenta, se inscribe en la reciente tradición hispanoamericana de la llamada «literatura testimonial», de la que son ejemplos *El Cimarrón* (1967), de Miguel Barnet, y la *Antropología de la pobreza* (1961), de Óscar Lewis, por sólo citar a quienes la afamaron. Pero a diferencia de estos ejemplares trabajos, el libro de Guillermo González Uribe no tiene intenciones antropológicas. El enriquecimiento de esta tradición, que este libro trae consigo, consiste precisamente en que su propósito es el de dar la palabra a las víctimas de la violencia y de la injusticia social que la genera, el de ponerlas ante los ojos del lector de tal manera que él no sólo lee sus quejas y esperanzas, sino que las escucha. Este es el arte del retrato que no domina un antropólogo o un sociólogo, sino un avezado y fino periodista como

Guillermo González Uribe. Su experiencia universitaria y práctica le permite una comprensión clara y concisa de los complejos problemas de la época contemporánea con sus acentos en los medios de comunicación, ecología y globalización, es decir, enfrentarse a situaciones locales desde una perspectiva cosmopolita. Ello se percibe en la discreción con la que él traza el perfil humano que subyace a las víctimas del sangriento conflicto colombiano. Periodista avezado y fino: esto no es una ecuación sino una concomitancia, que ejemplifican dos relevantes actividades, entre muchas más, de su carrera como profesional: fue coordinador del *Magazín Dominical* de *El Espectador* de Bogotá, que bajo su dirección enriqueció y correspondió al mas alto nivel ético-político y libre de la prensa colombiana. Y en la revista *Número* que el fundó, que lleva ya diez años de vida*, un milagro para una revista crítica, intelectualmente exigente, pero accesible y tipográficamente artística; milagro en un país azotado por la incultura y vulgaridad codiciosas neoliberales de sus gobernantes. El libro *Los niños de la guerra* adquiere el carácter de una acusación tácita a esos gobernantes que desprecian y explotan al país, es un *j'acuse*, que a diferencia del de Zola es doloroso y tierno a la vez, pero que se emparenta con él en el sentido de que quien recoge y publica esa acusación es un intelectual. Con ello, Guillermo González Uribe ingresa

---

* Nota del editor: La revista *Número* se mantuvo en circulación durante 18 años.

en la historia del intelectual sincero e insobornable que en Latinoamérica cuenta con los nombres de José Martí, Manuel González Prada y Juan Montalvo.

RAFAEL GUTIÉRREZ GIRARDOT (QEPD),
profesor titular de la cátedra de hispanística,
Universidad de Bonn, 2004.

Prólogo

*«Un escenario donde las palabras sean
las únicas armas posibles»*

Tres veces me he estremecido igual en mi vida. Leyendo el libro *La violencia en Colombia* que Germán Guzmán, Eduardo Umaña Luna y Orlando Fals Borda publicaron en los años sesenta; leyendo la *Crónica de una muerte anunciada*, que Gabriel García Márquez publicó en 1981, y leyendo este libro. Los tres nos llevan al fondo del abismo de la condición humana; los tres nos llevan en un viaje al final de la noche, cada uno de ellos a su manera nos hacen sentir el sabor del infierno. Los tres son necesarios, los tres forman parte de un esfuerzo desesperado de lo mejor del alma colombiana por hacer conciencia de su propia locura, de su pantano de horror; por convertir al lenguaje en un poderoso instrumento para percibir nuestra propia monstruosidad, por conquistar un conjuro contra las miserias de la guerra y contra las descomposiciones de la venganza.

Lo primero que vemos en estos testimonios, pacientemente recogidos y sabiamente seleccionados por Guillermo González Uribe, son seres conmovedoramente solitarios. Maltratados primero por sus padres, ultrajados o explotados por sus parientes, auxiliados en vano por piadosos desconocidos, estos seres nunca obtuvieron en el hogar amparo, ni en la sociedad comprensión. Muy a menudo los seres que los han querido y protegido desaparecieron o fueron asesinados. Su infancia fue un laborioso aprendizaje del recelo, del miedo, de la incertidumbre y de la venganza. Ejércitos brutales se convierten en su familia, en su fraternidad, casi en su hogar, pero se exaltan también en reino de rivalidades, en nuevas fuentes de amenazas, en cárceles angustiosas. Cualquier error puede ser la perdición, cualquier ligereza, el tormento, cualquier flaqueza, la muerte.

Lo que este libro cuenta es viejo como el mundo: padres que infaman a sus hijos, hermanos que ultrajan a sus hermanas, hombres que estrellan bebés contra los muros, hombres que enseñan a otros más jóvenes la manera más eficaz de descuartizar a un ser humano, hombres que disparan contra las ollas y los gatos de sus víctimas, esa mujer que descubre, en un pasmo de irrealidad, que está cohabitando con el hombre que mató a sus seres queridos, combates atroces narrados desde el corazón del incendio y desde el olor de la sangre, hombres que encuentran usos medicinales en la profanada carnaza de sus víctimas, niños que convierten en vesania su horror de matar. Cosas semejantes podemos encontrar en el *Éxodo* y en el salmo 37 del rey David, en la *Ilíada* y en Tito Andrónico, en las crónicas de Indias y en las crónicas del Tercer Reich. Lo que las hace tan opresivas para mí es la certeza de que no estoy leyendo testimonios de la edad de bronce griega, embrujada por sus leyendas, ni de las guerras de Judas Macabeo, inscritas en unos códigos míticos, ni vestigios remotos de la crueldad de Roma, ni atrocidades de la Conquista afantasmadas por los siglos, sino la descripción directa y vívida de nuestro presente, la narración de hechos que apadrinamos con nuestro entusiasmo o que autorizamos con nuestro silencio, una rutina de atrocidades que equivaldrán a nuestro retrato en los ojos alarmados de la posteridad.

No es solo la guerra lo que vemos aquí, y es por eso que estos relatos son comparables a los de muchos otros momentos de nuestra historia. Un país donde para millones de personas el Estado no orienta, donde la familia no ama ni educa, donde la sociedad no asila ni dignifica a sus hijos, cada cierto tiempo vuelve a convertir a los Ejércitos feroces en el único refugio accesible para numerosas personas. Colombia no ha aprendido a ser una patria para la mayor parte de sus hijos: esta es una conclusión que ya conocíamos antes de abrir el libro, pero que después de leerlo tiene un sentido nuevo, más doloroso, más comprometedor para todos.

Algo se sobrepone a la nitidez y la descomposición de este infierno: la evidencia de que esos niños amamantados por el odio, con los que ha sido tan avara "la leche de la ternura humana", conservan en la nuez de su ser un fondo de inocencia, de generosidad y de alegría, y merecen que una sociedad menos egoísta y menos hipócrita sepa poner en sus manos algo mejor que el metal de los fusiles y de la metralla. Casi todos ellos lo único que anhelan es un país que les dé dignidad, que les dé amor, educación, trabajo y futuro. Que un día no sean sólo diez o veinte o cien los que hayan sido arrancados a las tenazas de la guerra, sino que como lo balbucea con grandeza uno de ellos, casi describiendo la democracia verdadera, que es un horizonte respetuoso y civilizado para el conflicto: «A mí me gustaría que la guerra fuera sin armas (...). O sea, una guerra, pero no una guerra-guerra, sino como diálogo; simplemente con palabras, planteamientos, propuestas y decisiones». Es decir, el inevitable conflicto humano, pero en un escenario donde las palabras sean las únicas armas posibles. Como lo dijo con fuerza Miguel Hernández:

Tristes guerras
si no es amor la empresa,
tristes, tristes.
Tristes armas,
si no son las palabras,
tristes, tristes.
Tristes hombres,
si no mueren de amores,
tristes, tristes.

WILLIAM OSPINA, OCTUBRE DEL 2002

Introducción

«Cicatrices en la mente, en el alma y en el cuerpo»

L as páginas de este libro están ocupadas por palabras que cuentan intensas historias de niños y jóvenes que hacen parte de la guerra que azota al país.

«En Colombia hay 7.000 niños en armas». La frase la pronunció al azar Humberto Sánchez, entonces director de uno de los hogares de niños desvinculados, cuando el jueves 5 de junio del 2002 conversábamos sobre ese proyecto. Volví sobre la cifra, pedí precisiones. Quince días después, hablando con Juan Manuel Urrutia, entonces director del Instituto Colombiano de Bienestar Familiar, ICBF, y con Julián Aguirre y Mabel González, quienes orientaban el programa, al decirles la cifra se miraron, y en lugar de negarla manifestaron que, mal contados, puede haber 10.000 niños y jóvenes en armas en Colombia. Según estos cálculos, buena parte de los protagonistas de esta guerra, que cada vez copa más espacios, quienes matan y mueren, son niños y jóvenes.

Un mes atrás, el miércoles 8 de mayo, en Buenos Aires, durante el taller de periodismo cultural dictado por Tomás Eloy Martínez y organizado por la Fundación Nuevo Periodismo, hablábamos con Héctor Abad Faciolince sobre posibles temas que uno quisiera desarrollar, pero no había podido. Discutiendo y sopesando ideas, llegamos a una que me atrapó: entrevistar a un niño guerrillero y a uno paramilitar para saber qué sintieron al enfrentar la muerte, y de ahí en adelante contar sus historias de vida, que seguramente darían luces sobre la guerra y su lógica, o ilógica. Hice el ejercicio teórico con datos supuestos, discutimos el tema con 20 periodistas de diversos países de América Latina y confrontamos formas de realizar el trabajo, teniendo en cuenta dificultades, como cuál sería el espacio para entrevistarlos, en el que pudieran hablar con libertad.

Las cosas se van dando luego de tener una idea. Una semana después, en Bogotá, hablé con la directora del Cerlalc, Adelaida Nieto, sobre temas y proyectos. Al final me dijo «Tiene que hablar con Marina Valencia sobre los niños desvinculados». A los tres días me reuní con Marina y se abrió el camino para acercarme a un particular proyecto en el que, con la coordinación del ICBF, cinco entidades[2] trabajan con jóvenes que estuvieron en la guerra. Los visité, hablé con ellos y trabajé sus historias.

Los niños desvinculados

Al conocer el proyecto, casi recobro la fe en la posibilidad de que el Estado funcione. El trabajo se efectúa con menores de 18 años que han formado parte de grupos guerrilleros y

---

2   ICBF: Instituto Colombiano de Bienestar Familiar
    OIM: Organización Internacional de Migraciones
    Corfas: Corporación Fondo de Apoyo de Empresas Asociativas
    Cerlalc: Centro Regional para el Fomento del Libro en América Latina y el Caribe
    Save the Children: Reino Unido

paramilitares. Niños que se han desvinculado del conflicto porque fueron capturados, se entregaron o los grupos armados los dejaron, por encontrarse enfermos. Al comienzo resultó más fácil hablar con las niñas; estaban más abiertas al diálogo y dadas a contar sus experiencias. Los muchachos se mostraban un tanto reticentes y no había podido lograr una charla a fondo con los que estuvieron con los paramilitares; eran más esquivos y retraídos que los otros. Conocí a uno que me impactó, de no más de quince años, que se encontraba enfermo. Me dijo que tenía úlcera. Me extrañó, dada su juventud. Lo interrogué y me dijo: «Me dio úlcera por dejar de comer varios días, varias veces». Pensé que ahí había una historia que debía seguir y lo observé. Él era quien en cada comida estaba pendiente de que cada uno tuviera cubiertos, sopa y seco. No se sentaba hasta ver que todos estuviéramos servidos. Supe que venía de Medellín. No logré que hablara sobre su experiencia; al final me dio una pulsera de hilo que había tejido.

En un nuevo viaje logré hablar con varios jóvenes exparamilitares. Si las historias de quienes fueron guerrilleros son fuertes, las de los paramilitares son las más dramáticas que he escuchado en mi vida.

Los hogares

Llegué a un hogar de niños desvinculados en medio de una fiesta, la noche anterior a que un grupo de diez jóvenes pasara a la segunda y última fase del programa, cuando salen a casas juveniles, continúan sus estudios y comienzan a desarrollar proyectos productivos. Esa noche cantaron, recitaron, bailaron, se dieron regalos, contaron historias y se desearon toda la suerte y el amor del mundo. Al día siguiente, los muchachos retomaron el hilo del trabajo creativo que venían desarrollando. Llevaban una semana leyendo cuentos con el equipo del Cerlalc orientado por Beatriz Helena Robledo; ese día releyeron algunos y escogieron el que más les gustó para montarlo en sombras chinescas: «El burrito y la tuna», una historia de la tradición wayúu.

Tres días duraron preparando el montaje. El primer día se repartieron los papeles y se dedicaron a elaborar los disfraces y la escenografía. Mientras tanto el narrador, Sergio, un muchacho que había llegado apenas una semana atrás, repasaba el texto dándoles entrada a quienes tenían parlamentos; cada uno de los actores preparaba el vestuario, y los que no tenían papeles protagónicos les ayudaban y construían la escenografía. Todo era útil. Un pedazo de cartón para las orejas del burro, ramas para los árboles, periódicos para los sombreros y papeles de colores: amarillo para el desierto, morado para la noche, rojo para las abejas. Un grupo se concentró en los efectos sonoros: el murmullo de la noche, el silbido del viento, el rebuzno del burro, el zumbido de las abejas.

El segundo día se realizó el primer ensayo. Cabe señalar que las actividades colectivas se grababan en video. Primero con la orientación de Diego Narciso, cineasta del grupo del Cerlalc; luego tomó la cámara José, un niño de once años que aprendió a manejarla en poco tiempo. Se gozaron la grabación de la fiesta, y la del ensayo sirvió para detectar las carencias de la obra. El tercer día se aprovechó para afinar el montaje, los disfraces y la escenografía y, al comenzar la noche, presentaron la obra terminada. Fue un proceso común de creación, en el que estos jóvenes volvieron a ser niños y se metieron de lleno en la realización de una obra que los llenó de alegría y produjo intensas emociones.

El programa

Dentro de los programas de atención al menor desprotegido, esta es una experiencia particular, en la que conviven niños y niñas provenientes de distintos grupos guerrilleros y paramilitares. En muchos casos las diferencias desaparecen pronto, aunque en el trato cotidiano quedan huellas. Durante el montaje de la obra, Catalina, quien perteneció al ELN, se tropezó y tumbó una carpeta; entonces Sofía, ex integrante de las FARC, le dijo: «Tenía que ser elena». En la práctica conviven e incluso hay romances impensables, como el de un ex paramilitar con una joven que fue de las FARC. La mayoría ha logrado compenetrarse dejando a un lado el pasado; otros aún se muestran reticentes.

Cerca de 300 niños están integrados al programa, que tiene casas en diversos lugares del país, en las que trabajan equipos conformados por educadores, psicólogos, trabajadores sociales y artistas, y cuentan con el apoyo de personal médico y administrativo.

Tres fases constituyen la parte inicial del programa que se desarrolla en los hogares. La primera tiene que ver con ingreso, adaptación, integración, diagnóstico, derechos y deberes e inicio de actividades grupales y de formación. La segunda está centrada en el fortalecimiento de valores, plan de acción personal, manejo de problemáticas y actividades académicas y ocupacionales. La tercera comprende asumir actitudes autónomas, elaboración de proyectos de vida y diseño de proyectos productivos. En cada hogar conviven cerca de veinte niños que cuentan con el apoyo y la compañía de educadores 24 horas al día. Son hogares en los que los menores están por su propia voluntad; cada día salen al colegio y regresan. Sentí que se trata de una experiencia abierta, autogestionada, no autoritaria. También difícil y no exenta de dificultades. La parte final del programa abarca el traslado a casas juveniles, donde continúan los planes de estudio y se llevan a la práctica proyectos productivos.

Humberto Sánchez, director del hogar que más visité, dice que este es un proyecto de afecto, capacitación y amor, en el que están excluidos el odio y la venganza. Agrega que «en la guerra el amor es un infiltrado». José Luis Mantilla, coordinador y educador, señala que los hogares son incubadoras de paz que rompen los esquemas del trabajo con niños; allí viven un proceso compartido de toma de decisiones. Lo que se busca es crear un ambiente de confianza, amor, respeto y desarrollo.

No es un proyecto perfecto; nada lo es. Algunos niños se han marchado. Otros aún no se adaptan, y se presentan conflictos que tratan de resolverse a través del diálogo. Pero ya algunos jóvenes tienen en claro sus proyectos, y hay uno que está por entrar a la universidad.

El futuro

Es un programa piloto: jóvenes que viven en condiciones tan óptimas como es posible para desarrollarse y salir adelante en la vida. Jóvenes que recuperan la infancia perdida y se proyectan hacia el futuro. Pero son apenas 300 de los 10.000 vinculados a la guerra. Y lo cierto es que mientras existan las condiciones sociales, económicas y políticas de exclusión, y mientras el maltrato intrafamiliar siga siendo pan de cada día, habrá en las ciudades y en los campos colombianos miles de niños y niñas dispuestos a ingresar a los grupos armados, como alternativa de sobrevivencia.

Sólo con el tiempo se sabrá si se cumplirán las expectativas que se tienen con este programa, pero lo que sí es claro es que un proyecto que atiende a 300 niños víctimas de la guerra vale la pena. Sin embargo, es insuficiente y la escalofriante cifra de menores en armas es una voz de alerta que muestra que la guerra no son sólo los muertos diarios, sino las secuelas que va dejando en la sociedad; deberán pasar muchas generaciones para sanar estas heridas, que todavía no han terminado de abrirse.

Observándolos jugar fútbol, conviviendo con ellos unos días, haciendo las entrevistas, vi impresionantes cicatrices en las más diversas partes de sus cuerpos. Cicatrices de heridas causadas por sus padres o en combate. Cicatrices en la mente, en el alma y en el cuerpo.

Una reflexión: si queremos de verdad la paz tenemos que penetrar en las causas profundas de la guerra, sobrepasar las descalificaciones maniqueas y conocer su dinámica; entender las razones del conflicto para encontrar soluciones reales y no caer en una nueva frustración. La paz no se hace con adjetivos, sino yendo a las raíces de la guerra: sus orígenes, consecuencias y desarrollos, y conociendo a los que la hacen a diario. Al ver estos niños y escuchar sus historias uno se reafirma en la necesidad de hacer reformas de fondo en el país. Y piensa de nuevo que a bala difícilmente se acaba el conflicto social que vivimos. Que la guerra es cada día peor, que el humanismo se aleja progresivamente de ella y que estos muchachos, entre muchos otros colombianos, son quienes sufren la guerra en carne propia. Que mientras haya situaciones de miseria y pobreza extremas, que mientras sigan siendo maltratados en sus núcleos familiares y no tengan posibilidades de estudio y desarrollo, los niños seguirán formando parte de la guerra.

Estos niños...

Cuando estos niños nombran pueblos y regiones uno coge el mapa de Colombia, recuerda lo poco que conoce y viaja por ese mapa de la mano de las peripecias de estos menores. La guerra nos ha llevado a descubrir un país que a la vez estamos destruyendo.

Salgo del hogar de los muchachos y veo a unos jóvenes en un moderno carro deportivo, chicaneando, y pienso que en parte este conflicto se deriva de una sociedad cerrada, clasista e inconsciente, cuyo núcleo dirigente no les inculca a sus hijos principios sociales democráticos.

A veces estos niños tienen pesadillas. Se les vienen encima los recuerdos. El domingo anterior a mi viaje a una casa situada en el campo, varios niños jugaban fútbol. Una fuerte patada lanzó el balón contra las cuerdas de la luz. Eran las seis de la tarde. Hubo un cortocircuito y poco después se escuchó una explosión. Algunos niños salieron corriendo. Otros se tiraron al piso. Unos más se escondieron. Otros tomaron posiciones de defensa.

Meses después

En la última visita a un hogar para niños desvinculados y a varias casas juveniles, la segunda semana de octubre del 2002, sentí que buena parte de los jóvenes avanzaba en su proceso de formación. Otros aún están un tanto desubicados. Es posible que muchos de ellos salgan adelante. Otros están demasiado afectados por las experiencias que han vivido, y su suerte es incierta. Pero casi todos luchan, con apoyo de diverso tipo, por recuperar la infancia perdida y encontrar un camino que les permita salir adelante.

Los procesos de estudio continúan. Los proyectos productivos caminan lentamente y no está claro su futuro. Quedan estos testimonios como historia profunda de la guerra colombiana, y la visualización de este programa como iniciativa en la que han podido integrarse varias entidades, para sacar adelante un proyecto singular y necesario, que ojalá no se vea truncado por cambios burocráticos.

(A lo largo de este libro se cambiaron los nombres de los protagonistas para proteger su identidad).

GUILLERMO GONZÁLEZ URIBE, OCTUBRE DEL 2002

1

Una niña en vueltas de grandes

Sofía tiene ojos negros, grandes y vivarachos. Es atractiva, conversadora, pícara y a la vez infantil y tierna. La noche en que la conocí andaba de fiesta con sus compañeros de convivencia, despidiendo a un grupo que salía de un hogar para niños desvinculados a continuar su proceso en las casas juveniles. Estaba arreglada como cualquier joven que anda de rumba en la ciudad. Maquillada, con ropa ceñida a su cuerpo bien delineado, bailó, recitó, se rio, coqueteó y tomó del pelo a más de uno. Al día siguiente me llevaron a conocer los cuartos donde viven y encontré a un par de niñas haciendo tareas. Las saludé. Una de ellas, peinada de colitas, me miró riendo y dijo «¿No me reconoce?». Finalmente me di cuenta de que era ella, parecía una niña de escasos diez años.

Nací hace 17 años. Lo que más recuerdo de mi infancia son cosas duras. Mis padres son de bajos recursos y por culpa de un hermano nos tocó dejar lo poco que teníamos y salir de donde estábamos. Teníamos finca y teníamos casa, pero un hermano hizo una locura. Tocó salir de mi tierra, dejar todo botado, no volver más y andar por ahí pidiendo posada. Empezamos una vida nueva en Mocoa. Yo estaba pequeña, tenía por ahí unos siete años, si no eran menos.

Nosotros somos diez hermanos, yo soy la del medio, la quinta. Estuve estudiando un tiempo: primero hasta segundo de primaria, luego unas profesoras del colegio me brindaron apoyo para que acabara de estudiar, porque mis padres no tenían cómo; entonces hice hasta cuarto. Allá en Mocoa estuvimos donde un familiar. Luego nos tocó irnos para una finca de donde se llevaron a mis dos hermanos mayores para la guerrilla. Los conquistaron, los convencieron y ellos, en esa pobreza, pues se fueron; también porque les gustaba. Y estaban conquistando a otro hermano que era muy pequeño, como de diez años, entonces mi papá decidió salirse otra vez para el pueblo. Volvimos a Mocoa, donde estuve con mi familia hasta que me tocó irme a rodar.

La situación económica era muy mala. Mi mamá estaba fracturada, fatigosa, no sabía qué hacer con todos esos hijos, sin poderles dar estudio, sin darles de comer. En esos días se acabó el gas en la casa, se acabó todo. Yo tenía nueve años y era la que salía a buscar alimentos, y a donde los familiares a recorrer y a pedir; ahí fue cuando me enseñé a pedir. A uno primero le da pena, pero qué hace si los hermanos tienen hambre y la mamá no sabe qué hacer ni tiene trabajo. Era horrible: estaban a punto de echarnos de la casa porque no habíamos pagado arriendo. También teníamos dificultades porque mi papá era muy borrachín. Él se iba a donde una amante que tenía, pero volvía a la casa a pegarle a mi mamá, a pegarnos a nosotros. Un día trató de abusar de mí; yo me estuve callada porque no podía decir nada. Llegaba a tocar la puerta y todos teníamos que irnos de la casa; un día yo no me fui y casi me mata, me dio pata y arrancó los cables de la luz para darme con ellos. Siempre que volvía, nosotros nos íbamos para donde una hermana que vivía cerca de la casa; ella ya había conseguido marido y estaba viviendo aparte. La situación era muy dura. Mi papá se fue para Puerto Leguízamo y nos dejó abandonados. Mi mamá a veces se fatigaba y se enloquecía por ratos; de la rabia, del desespero se desahogaba con nosotros. Un día cogí una muda de ropa y me fui sin saber para dónde, porque para donde mi familia no pensaba ni arrimar. Me fui para Puerto Asís.

Llegué a Puerto Asís y me senté en el parque a llorar; tenía hambre y no tenía nada. Me le arrimé a una señora —primero estudié cómo iba a hacer— y le dije que mi mamá me había echado de la casa, que no tenía nada qué hacer y que yo le trabajaba para que me diera de comer. Me aceptó y me llevó para su casa; ella también era pobre. Yo le cuidaba los niños mientras ella vendía dulces en el parque. Así estuve un tiempo hasta que ya no me gustó más; le dije que quería hacer otra cosa, porque yo trabajaba solamente por la comida, y necesitaba conseguir plata para comprar mi ropa. En esas un señor me dijo: «Venga, vamos, yo le pago 200.000 pesos y me ayuda a doblar la ropa en el almacén». Yo, confiada, me monté en su moto —ya estaba como aprendiendo a confiar en las personas que me decían «Vamos»; yo me iba y ya no me daba miedo nada—, cuando me di cuenta de que ese señor, ¡mentiras!, me estaba llevando para otra parte, me estaba sacando del pueblo y me dijo: «Usted va a estar conmigo». A mí me dio miedo y le pregunté: «¿Estar de qué o qué?». Dijo: «Usted va a estar de amante conmigo y yo le pago». Le respondí: «Pero ¿cómo, si soy una niña?».

Yo tenía por ahí diez años, porque a esa edad fue cuando empecé a ambular, y me dio miedo porque yo ya había visto más, o sea, yo había visto —es como vulgar decirlo— el cuerpo de mi papá, y le cogí miedo a eso. Pensé «No, yo con este señor no». Íbamos en una moto alta y yo salté, me voltié un tobillo, pero bueno, porque ya estábamos un poco retirados del pueblo. Me fui para una casa que estaba cerca y el señor de ahí me brindó apoyo.

Luego me fui para Pitalito; llegué a ojos ciegos. Yo siempre era así, de sorpresa; un día me iba sin saber adónde ni con quién ni nada. Llegué al pueblo y en un restaurante conseguí que me dieran la comida a cambio de ver a un niño y hacer pequeños trabajos. Allá estuve unos días, hasta que la señora del restaurante me dio 10.000 pesos: ¡Primera vez que cogía plata! Entonces me fui para Neiva, yo había oído hablar de la ciudad y decidí irme para allá. En esa época todavía uno se subía al bus y no les cobraban a los niños. Le pregunté a varios choferes que si pasaban por Neiva, hasta que uno me dijo que sí. Me monté y a cada rato le preguntaba que si habíamos llegado, hasta que me dijo: «Aquí es Neiva». Me bajé y ahí mismo venían unos gamines. Yo llevaba una maletica pequeña, y dice uno: «Vean esta chiquitica por aquí, está sola y está buena». Y me pegan qué corretiada, y yo más asustada. Por fin me metí donde unas monjitas. Después ellas me ayudaron a ubicarme en un trabajo donde una señora que tenía plata. Entré a ayudar con lo que más podía: lavar loza, organizar, barrer, trapear: cosas sencillas. A la señora le conté mi historia, entonces le dio mucho pesar y decidió adoptarme. Me dijo que ella me cambiaba el apellido y que me iba a ayudar en todo. Yo, feliz. Ya me iba a matricular en el colegio, me había comprado buena ropa y ya no era empleada sino su niña. Entonces llamé a mi mamá —mi cuarto era superespecial, tenía de todo— y me contestó llorando; yo no pude aguantar. Dejé todo botado y me volé por la noche para la casa. Ni me despedí.

Regresé a Mocoa. Toda la noche viajé y al otro día llegué tarde a la casa. Mi mamá fue feliz al instante, pero al ratico ya estábamos mal otra vez. Entonces me fui. Pedía y bregaba a conseguir plata o lo que fuera. Si me daban ropa grande se la llevaba a mi mamá. Todo lo que me pudieran dar lo recogía y se lo llevaba, pero yo llegaba y al instante me iba. No podía durar porque sabía que no nos entendíamos; pero entendía su situación, sabía por qué vivía así. Además, mis hermanos pequeños eran muy apegados a las naguas de ella; así estuvieran aguantando hambre no salían de la casa, porque les daba miedo. Ni siquiera salían al mercado a comprar porque se perdían. Los más grandes estaban por fuera y las mujeres habían conseguido marido simplemente para que las mantuvieran, porque no se sentían capaces de mantenerse solas. De los hombres, el otro se fue a raspar amapola por allá en Santa Rosa, y yo mantenía rodando, hasta que un día me interné a trabajar.

Fue en una fuente de soda, pero ahí no trabajaba afuera sino adentro, ayudaba a ver los niños. Después la señora me transformó, porque yo no tenía nada, ni senos ni nada, y ella me colocaba brasieres de esos que tienen espuma, zapatos altísimos, cosas así grandes; me peinaba, me maquillaba y me ponía a atender las mesas. Ella me pagaba un porcentaje de las ganancias, pero tenía que aguantarme muchas cosas. Los borrachos eran muy groseros, le decían a uno palabras y no lo respetaban. Me salí de allí y me metí a una discoteca, pero había que trasnochar mucho. Atendía mesas y en esas distinguí a un señor; yo no sé ni a qué horas. A veces me pongo a pensar: «Pero ¿a qué horas pasó todo esto que no me di cuenta?».

Es que me han pasado unas cosas... He buscado matarme más de una vez, pero siempre he fallado; ya no recuerdo ni cuándo ni a qué horas. He tratado de matarme de aburrida, de desesperada o porque creo que es la mejor solución. Y cuando lo de mi hermano... Yo lo quería muchísimo a él, a mi hermano el finado. Le cogí mucho cariño, porque yo era como un poco alejada de todos. Los mantenía, los apoyaba, pero en mi profundo no amaba de verdad a ninguno. Con mi mamá era que yo decía: «Así me dé duro, yo estoy al lado de ella», pero con mis hermanos casi no, porque como es normal, los hermanos pelean mucho.

Una noche estaba en la discoteca cuando me avisaron que habían matado a mi hermano, lo mataron diciendo que era un sapo. Él hablaba mucho con el Ejército, vivía al lado de un batallón, por Miraflores. Él conversaba mucho con los soldados. Llegó la guerrilla y lo mató, le mandó unos cuantos tiros, le rellenó el cuerpo de bala. A mí me dio mucha rabia; realmente yo siempre he tenido ese coraje, siempre he querido como la venganza, porque me han causado mucho daño; pero ahora ya no pienso así. Entonces yo me desesperé, porque él era el hermano con el que había tenido más vínculo y lo quería mucho, y eso fue muy duro, porque también mataron a mi tío en esos días. Lo mató la guerrilla diciendo que era paramilitar; él era el que manejaba la plata de Telecom, el que hizo la gestión para montar el Telecom en Puerto Guzmán. Yo lo sentí mucho porque mi tío era como mi papá. A mi papá nunca le tuve ese cariño que le tuve a mi tío, que era hermano de mi papá. Ellos son dos hermanos casados con dos hermanas, un vínculo así muy bueno. Entonces me mantuve en la disco pensando: «¿Qué voy a hacer para vengarme?». Ya tenía muchas cosas acumuladas, intento de violación, maltrato de mi papá.

Le estaba contando. En la disco distinguí a un señor viejo, ya como de cuarenta años, que iba a tomarse sus tragos. Yo nunca me había conseguido un novio, de decir: «Huy, qué lindo», no. Nosotros nos hicimos como novios y dije: «Vamos a ver si funciona». Yo tuve un novio durante un año, cuando tenía ocho años, un día nos peleamos por una bobada, porque nunca nos maltratábamos, simplemente porque le dije: «Estúpido», terminamos. Yo decía que prefería quedarme sola que conseguir novio, porque los hombres lo hacen sufrir mucho a uno, y yo no pensé nunca más conseguir un hombre. Y me conseguí a ese señor; pero él se desapareció, nunca más volví a verlo, quedé sola otra vez. Yo no era tanto porque me gustara sino por descubrir, por saber qué siente uno compartiendo la vida con otra persona; era como por eso. Y éste se perdió. Por esos días unos amigos me invitaron a una presentación de Las Diosas del Vallenato. Yo fui, ellos me dieron alguna bebida, me llevaron a una residencia y abusaron de mí. Después me sentí horrible. Llegué a la disco y no pude trabajar, me puse enfermísima. Luego me dio rabia, entonces le dije a un primo: «¿Sabe qué? Yo ando buscando a los guerrilleros», y entonces él me respondió: «Yo distingo a uno». Le dije: «Preséntemelo», y me lo presentó.

Estaba cansada de todo y dije: «Aquí no aguanto más, me voy». El guerrillero me habló y me dijo que allá era bueno, que a las mujeres les iba bien, que eran las niñas consentidas. Me convenció y me fui. Llegué a un frente y no me quisieron aceptar, dijeron que era muy pequeña, que era una niña, que no era capaz. Yo estaba entre trece y catorce años. Insistí pero me dijeron no, no y no. Entonces le dije a uno: «¿Sabe qué?, deme dirección de otros guerrilleros»; yo sabía que estaban divididos en columnas, porque mis hermanos me habían contado. Yo sabía la vida de ellos, en qué partes operaban unos y en qué partes operaban otros. Entonces le dije: «A los del Caquetá ¿en dónde los puedo encontrar?», Él me contestó que en Curillo. Llegué a ese pueblo y vi a unas personas vestidas de camuflado. Pensé: «Huy, el Ejército». Cuando uno va con un pensamiento en la cabeza, como que a uno le da miedo, pero no, eran los guerrilleros. Me encontré con uno que precisamente había ingresado a mi hermana, pero al instante no lo distinguí. Me puse a hablar con él y de pronto me dijo: «Ah, usted es la hermana de Ana». Yo le respondí que sí. Dijo: «Esa vieja se voló, esa vieja no aguantó, pero ¿usted quiere ingresar?». Yo le contesté que sí y me llevaron al campamento.

Cuando llega una mujer allá es como si llegara carne fresca, esos hombres, hummm, cansan mucho. Uno y otro dicen: «Venga para acá, venga para acá», uff. Al otro día me sacaron la hoja de vida, porque allá le sacan eso también; ellos investigan quién es uno, cómo se llama, dónde vivía,

Los niños de la guerra

qué hacía, por qué va, qué quiere. Allá se dan cuenta cuando uno es mandado y lo matan. Me sacaron la hoja de vida, me cambiaron de nombre y... es difícil cuando le cambian a uno el nombre: lo llaman y uno no distingue; ni sabe a quién están llamando. Me dijeron: «Hey, usted, Sofía, preséntese donde el comandante Tomás». Me fui para donde el comandante —ni sabía pararme firme ni nada— y le dije: «Sí, ¿me llamó?». Él apenas alzó la cara y... ¡era el mismo señor viejo ese, el que me había cuadrado!

Fue un susto y una alegría. Me pegó un regaño: «¿Usted qué hace acá?», me dijo. «Yo nada, yo ingresé anoche —le respondí—; y ¿usted por qué está acá? ¿Por qué se vino sin despedirse?». Me contó que estaba ahí desde hacía quince días, que había tenido que irse de afán y dijo: «Listo, ya metió las patas, ya se montó en el bus que no debía montarse, ahora aguante, mija, resígnese a las normas y a lo que venga encima, porque si usted no obedece, a usted la matan». Él fue claro conmigo, me dijo así, y yo le dije: «Ah, bueno, usted que ya lleva unos diitas más, usted me indica a mí, me enseña lo que ha aprendido». Él dijo que sí, que me iba a enseñar. Cuando pensé: «Pero, ¿comandante?», yo sabía que los comandantes no subían de días: «¿Comandante?». Me fui para donde otro y le pregunté: «Hola, y ese señor ¿qué? ¿Desde hace cuánto tiempo está acá?». Dijo: «¿Tomás? No, mija, ese ingresó desde niño, ese lleva muchos años de estar acá, por eso es comandante». Yo dije: «Uff, ¿dónde estoy subida?». A los muchachos les daba rabia, me miraban con ese señor y me decían: «Ranguera, subiste como palma y vas a caer como coco». Me decían ranguera, de subir el rango, como decir ser una gamina y cuadrarse con un presidente. Como ya éramos novios de afuera y él estaba solo, porque en esos días había terminado con la mujer, una socia, nosotros seguimos así de noviecitos. Aunque allá no hay novios, allá de una vez los hombres lo cogen a uno de amante, no esperan nada. Pero yo estaba todavía con psicosis, y le comenté que no quería estar con él por lo que me había pasado, que fuéramos simplemente novios, y él se me burlaba: «Qué novios, si acá no hay novios». Estuvimos así casi un mes. Fue mucho tiempo, todos los días la gente se nos burlaba. Él me respetó, pero los demás me decían: «Si usted no está con él, la va a dejar». Además, yo miraba que a su lado tenía muchos respaldos: tenía respeto, plata, nada me hacía falta; tenía seguridad, entonces yo me entregué a él, pero al poco tiempo el superior, el comandante máximo, nos separó, porque cuando llega una mujer siempre la catean para ver si es flojita; hay mujeres que se riegan por todo el campamento, y otras veces las cogen así abusadas. A mí me humillaban y muchas veces me cogían sola y me decían cosas como: «Usted tiene que ser mía», y yo que no. A Tomás lo mandaron para el pueblo y yo quedé sola un mes. De noche era horrible.

Dormía con botas y con todo y llegaban a tocarme, hasta que un día, llorando, fui donde el comandante y le dije que yo no iba a aguantar más. Él me dio la orden de que al que llegara a cansar, le zampara un tiro, fuera quien fuera. Me fui contenta por todo el campamento, pero yo era para no hacerlo, y dije: «Esta noche el que me vaya a tocar se muere. Esta noche tengo la orden; al que me toque le doy un tiro». Fue santo remedio, nunca más me volvieron a tocar. Tomás regresó al campamento y pidió permiso para sacarme con él al pueblo. No duré más tiempo en el campamento, salí rápido de allá.

Durante ese tiempo me explicaban sobre la guardia, lo que hacían allá; eran días completos sentados en unos palos largos, en el aula que dicen ellos, escuchando parlamentos. Ellos le meten mucha política a uno. Mantienen metiéndole psicosis; que si el Ejército lo coge, lo viola, lo mata, lo hace pedazos. Y dicen: «El que ingresa acá y se vuela, pailas». Yo quería saber quién había matado a mi hermano. Empecé a hablar como mal de él, yo decía: «¡Huy, no!, yo tenía un hermano que era horrible, era sapo del Ejército, mantenía con ellos», y esto y lo otro. Hasta que una vez un chino se me arrimó y me dijo: «Hola, ¿de quién es que vos hablás?». Le dije: «De un negrito que mataron qué días por allá, al otro lado del río, cuando se estaba bañando». Él dijo: «Ah, vos estás hablando de un tal Rodrigo. A ese perro lo maté yo. Él iba contento en pantaloneta con un tal Gustavo, iban comiendo mango y dizque a bañarse —perfectamente igual a como me contó otro hermano—, y lo cogimos y le disparamos; salió corriendo y le dimos un tiro en la pierna para que se cayera, luego lo cogimos, lo hicimos cantar y le hicimos tragar un tiro». Esas palabras me rompían el alma, pero yo hacía fuerza; tenía mi pistola y me daban ganas de matarlo de una vez, pero no, porque también me mataban a mí. Días después, como allá a veces toca dormir de a dos, me tocó con él, y yo de noche pensaba matarlo. Dormíamos juntos, comíamos juntos. Desde ahí he tenido resistencia con el enemigo, porque aprendí a tener valor para compartir, incluso él me daba comida con la mano y yo comía, pero mascaba con rabia. Hasta que un día nos separamos de columna. Yo le dije a él, otro día que nos encontramos: «A usted ¿quién le dio la orden de matarlo?». Me dijo: «Ah, pues Tomás». Y yo: «¡Ay, Dios mío, compartiendo mi vida con estos dos tipos!».

Ya sabía quiénes habían hecho lo de mi hermano, ahora faltaba saber quién había matado a mi tío. Me di cuenta de que eran los mismos, porque era como una comisión de los que van a matar a las personas. Fue horrible. A Tomás muchas veces lo intenté sacar de allá, para cobrarme las que me hizo, pero él andaba con diez al rabo de él, con diez guardias; a él no lo dejaban para nada, y entonces yo le decía: «Vamos para Villa Garzón», lo invitaba, porque él casi no era conocido allá. Él podía salir a la ciudad y salía conmigo hasta cerca de Villa Garzón, pero se regresaba. Un día estuvimos casi en la pata del pueblo, pero él la sentía, la olía tal vez y se regresaba. Entonces me di por vencida. «No puedo hacerle daño a este cucho porque en ninguna parte estamos solos», pensé. Lo bueno fue que el chino que le disparó a mi hermano murió al poco tiempo. Lo mataron porque un día, por ahí dándoselas de muy vivo, se puso a escribir una carta, una carta de bobadas, no sé qué diría en la carta, pero el caso fue que lo amarraron —además era un matón de los de primera y a los matones de primera siempre los matan; un matón que se ha enseñado a matar muere en su ley—, y también lo mataron. Mi corazón sonreía porque yo decía: «Ah, también tuvo la de él», pero en mi profundo dije: «Pero por qué, si él sigue órdenes; acá uno sigue órdenes». Me puse a pensar, pero finalmente dije: «Al fin y al cabo ya están muertos los dos, mi hermano y él».

Yo seguí viviendo con el cucho, mantenía al lado de él, humillada porque a veces me pegaba, pero también tenía plata y todo. Tenía plata en los bolsillos y a veces bultos de plata que tenía que estar cuidando. Era zona de coca. Nosotros íbamos a visitar las fincas, éramos financieros. Estábamos encargados de conseguir la plata, las remesas de ropa y armas. Entonces llegábamos a las fincas, mirábamos las hectáreas que tenían, analizábamos cuántos kilos tenían que salir y les dábamos la orden de que nosotros vendríamos por la coca, que no se la vendieran a nadie más y que si se la vendían a otro tenían que pagar un impuesto, por eso conseguíamos tanta plata. Nosotros amontonábamos la mercancía por piezas, luego la vendíamos en grandes cantidades y nos quedaba mucha plata. Pero él me maltrataba, me insultaba, no me dejaba nunca sola, que porque él me quería y le daba miedo que me fuera con otra persona. Una niña con un viejo, eso era imposible; todo el mundo se nos reía.

Un día me cansé de los maltratos. ¿Qué ganaba viviendo con todo si no tenía mi felicidad? Decidí irme. Además, una chica lo seducía mucho, una campesina; entonces dije: «Ah, yo me voy para el campamento», y me fui. Otro comandante superior quiso que yo fuera la mujer de él, o sea como decir: «Ya no está con él, agarre conmigo». Una noche quería obligarme a que estuviera con él y yo no, no y no. Y ese señor me cogió una rabia, que me hacía comer de la buena, me mandaba a trabajar duro y no me daba las cosas que necesitaba. Y ya no estaba Tomás, porque él se quedó en el pueblo y yo me fui para el monte. Andábamos de noche, aguantábamos hambre, nos tocaba cargar pesadísimo, estar toda la noche caminando. De día quietos, y caminar de noche por charcos y en zonas que me daban miedo. Además estaba en embarazo, y allá una mujer no puede tener bebé. Entonces dije: «Tengo que volarme porque a mi bebé no lo dejo; me voy con mi bebé». Me volé cuando tenía como cuatro meses y ya todos se daban sospecha, porque yo era muy flaquita y el estómago se me estaba notando. Utilizaba cosas anchas para que no me miraran, pero se notaba cuando me iba a bañar, porque uno tiene que bañarse en ropa interior, y no importa dónde esté, ni con quién esté.

Me volé con un campesino que era amigo. Él conocía todos esos terrenos y yo no. Era lejos y me tocó pasar por el monte, cerca de Curillo, hasta Puerto Guzmán, pura montaña, corriendo y corriendo. Por allá amanecí y la guerrilla me estaba buscando: yo estaba en un charco de agua picha y ellos alrededor caminando, buscándome, y decían: «Esa hijuepúchica no está por aquí», me insultaban, y yo: «Que no me encuentren, que no me encuentren», y no. Estuvieron cerca de mí; luego me metí en una finca, donde el señor que me estaba sacando, y llegó la guerrilla, a recatiar la casa, y el comandante —uno que me quería mucho— sabía que yo estaba ahí, sabía que yo no podía hacerme una aguja, pero no dio la orden para que requisaran; él dijo: «Muchachos, ya, vámonos». Me salvó. Al otro día muy temprano cogí montaña, peligrando que los encontrara de camino. Me dieron la dirección y me dijeron: «Vaya por esta montaña, camine hasta donde llegue a alguna casa, que por esa zona, como van en contra de la guerrilla, la van a ayudar». Yo dije: «Claro», y llegué allá, muerta del hambre.

Caminé todo ese día y al otro día por la tarde fui llegando, pero porque iba corriendo; uno asustado corre y corre y sube y baja, y mojada por allá me caí. Iba por una palizada, iba sola, tenía hambre y por estar subiéndome rápido me resbalé de la palizada y caí a las piedras de abajo y me golpié. Ahí me di el golpe que me hizo venir el aborto después. Con ese dolor me quedé al rato dormida. Me desperté y lloré hasta que vi que venían bajando unos píldoros —de esos plátanos maduros— entre el agua, y yo: «Huy, qué rico». Me lancé a cogerlos, comí maduros y luego troté hasta llegar a una finca donde me ayudaron. Luego seguí, incluso pasé por el lado de un campamento y más adelante ya estaban haciendo retén. Por haber sido mujer de un comandante a uno lo siguen mucho, porque uno tiene mucha información. Entonces llegué a otra casa que me habían dicho, me ayudaron y me disfracé de campesina. Cogí un bolso con plátanos y pasé por frente de los guerrilleros; ellos estaban haciendo retén en el río y yo pasé por el ladito; unos indiecitos que me conocían me ayudaron, y yo les dije: «No me vayan a sapiar, estén callados». Uno me respondió: «Tranquila, yo incluso la acompaño». El indiecito se fue conmigo, y yo caminaba como una viejita. Los otros apenas gritaban: «Hey, por el otro lado van dos personas, no las dejen pasar».Y él me decía: «Tranquila, camine hasta el bordo y del bordo corremos hasta el otro lado».

Los guerrilleros querían pasarse en motor para donde estábamos y nosotros corra y corra. Llegamos a una finca cerca de donde mi abuelita; pasé por esa finca para ir a Guzmán y me quedé al lado del río, donde vivía mi tío, y al otro día me fui en un expreso para Mocoa. Allá estuve enferma donde mi mamá: tuve el aborto. Nadie sabía dónde había estado, así que les conté una historia diferente: que yo me había juntado con un campesino y que había estado cuidando marranos, pollos y unos hijastros; que estaba manteniendo unos niñitos.Yo les conté que el campesino me pegaba... Mi mamá lloraba mucho y me pedía perdón, me decía que nunca más me fuera de la casa.

Yo ya tenía como unos quince años... Sí, eso fue dos diciembres atrás. Mi mamá madrugaba a darme sus calditos de dieta, porque en mi casa cuidan mucho a las mujeres en embarazo o en dieta. Hasta que un día que salí de la casa, tranquila, me encontré en el parque a un compañero andando de civil; yo me puse contenta. Pero ellos me ubicaron y luego, cuando yo estaba en la casa de mi mamá, fueron, me montaron en un carro y me sacaron del pueblo. Al otro día me pasaron al otro lado del río y me amarraron con un lazo grueso, de esos de tener los caballos, y me sentí muy mal.

Tenían que llevarme al campamento así, esa es la norma; que cuando uno se vuela y lo capturan, siempre tienen que amarrarlo, esté donde esté, y sea quien sea, así sea un comandante. Entonces ya nos fuimos para Calenturas, parte de Caquetá, y me llevaron al campamento. Yo era una persona que me había dado a querer mucho de esos señores, de todos los contingentes, de todos esos comandantes y chinos, así que llegué y me soltaron, confiaron en mí y me dejaron todo ese día y toda la noche suelta, como para que saludara a la gente. Al otro día me mandaron a bañar, como a las diez de la mañana, y luego a almorzar. Pero ya sabía que me iban a volver a amarrar.

Cuando me dijeron: «Alce las manos», yo las alcé sin necesidad de nada más, porque a los otros los hacen tenderse en el piso y los golpean para amarrarlos. Luego me llevaron para el juicio, al consejo de guerra, y simplemente yo cogí y me solté el cabello al frente de hartos; había hartísimos, alcé la cara, y ríame y ríame, y mis lágrimas salían. Lo único que esperaba escuchar era que me fusilaban. Estaba cansada de ambular y de todo, pero ninguno pidió fusilamiento, todos que fuera sancionada. Salí sancionada, y luego tuvimos que esperar la respuesta del secretariado de las FARC, porque de los juicios tienen que mandar reporte al secretariado. Ellos analizan, miran si uno ha tenido errores, cómo ha sido uno, por qué llegó allá, y ellos deciden si uno vive o muere.

Me dejaron amarrada a una cadena de cinco metros; ese era el espacio que podía andar. Tomás volvió al campamento, y lloraba; era un comandante y todo, pero lloraba por mí. Me dijo: «Pero ¿por qué hizo esto?», y yo le conté que había estado en embarazo, que había tenido un aborto y él lloraba y decía que él hubiera querido que yo tuviera el bebé. Me dijo: «Ahoritica no se sabe qué decisión tomen», y él sufría por eso. Pero él era el que mandaba a los guardias, y como a mí no me dejaban baño todos los días, me hacía sacar de noche, a escondidas, para bañarme.

Yo divertía a los guardias y a cinco compañeros que estaban conmigo; les bailaba encima de la caleta cuando sonaba «La Ciguapa»; les bailaba y les decía chistes. Me reía, los hacía reír y trataba de darles ánimo, porque ellos mantenían lloren y lloren, y les cantaba y se ponían contentos. Luego que los miraba contentos, me afligía, me ponía a llorar y me tiraba al piso, me desahogaba llorando y me ensuciaba todita y luego decía: «Pero si les doy ánimo a ellos, ¿por qué me voy a dejar?». Entonces me subía otra vez a la caleta y seguía riéndome. Decían: «Esta es como bobita; se enloquece, se enmugra, baila, nos hace reír, llora, no le paren bolas a esa loca». Trataba de darle ánimo a los otros, porque ellos creían que los iban a fusilar. Eso fue como un mes completico, de fecha a fecha, cuando llegó el comandante, otro que no era Tomás, y me dijo: «Quítese ese lazo», y yo: «¿Cuál lazo?». «Quítese esa bicha, ese candado, arránquese eso».Y yo: «Pero ¿cómo voy a partir una cadena si yo no tengo fuerza?», pero él era chistiando, y yo le dije: «Mejor váyase de acá, no lo queremos ver, les estamos cogiendo rabia a todos ustedes porque nos están haciendo sufrir». Entonces él dijo: «No, de verdad, quedan liberados».

A mí me mandaron a trabajar a la cordillera, a pagar sanción, y Tomás se quedó. Él se consiguió otra mujer, una civil, mientras yo permanecía sola, porque guardaba la esperanza de volver con él, a pesar de todo, pues él era mi respaldo. En la cordillera fue durísimo trabajar, porque estaban abriendo un camino. Era en un páramo feísimo y tocaba escalar. Lo llaman La Nevera. Estuve más de un mes trabajando duro, como un hombre; salía con las manos ampolladas, los pies ampollados, los cachetes todos rojos del frío y estaba amarilla, porque allá el sol no calienta.

Cuando bajé estaban hartos frentes reunidos. Se estaban juntando porque iban a emboscar una estación de Policía que era difícil de tomar, por allá en el Caquetá, en El Paujil. Entonces me sacaron en comisión. Yo sabía disparar, pero que se diga defenderme en un combate, no. Había hecho cursos pero de política, y uno de tiro, pero así saber defenderme, no, y además yo era una niña consentida. Ya cuando íbamos por Los Jazmines del Caquetá, una mañana nos mandaron a una exploración, a hacer un retén en un lado distinto del de la emboscada, para ver cómo estaba todo. Nosotros no pusimos cuidado de nada. Éramos grupitos de a veinte y los de veinte se dividían en de a cuatro o de a cinco, y nos fuimos metiendo por todo ese monte hasta que llegamos a una escuela. Allá nos pusimos a recochar y le pagamos a una señora para que nos diera comida. Era como estar liberados, de vacaciones.

En esitas hicieron un retén, cogieron un policía pero iban dos, y el otro se fue y a nosotros nos llamaron por la radio pero, por estar jugando, no recibimos el informe. Cuando al otro día fue que miramos los camionados de guerrilla a toda, y corra a coger las cosas y a escondernos. ¡Nos metieron una regañada! Dijeron que el Ejército venía en pela, y nosotros corra, porque el camión iba lleno. Esa noche nos quedamos en una finca, pues ya íbamos todos cansados. Nos fuimos a dormir pero mandaron una exploración, porque los perros estaban latan y latan, y cuando eso pasa es porque hay gente o animales cerca. Mandaron a explorar pero el explorador salió a tomarse una gaseosa y nosotros confiados de que él había ido. Yo presté el turno de guardia de dos a cuatro de la mañana. Fui y entregué la guardia, pero uno siempre con miedo porque escuchaba ruidos, yo sentía que ya nos iban a matar, sentía la muerte encima. Entregué sin novedades y el otro se quedó dormido en la guardia; no escuchó nada ni pasó ninguna información. Estábamos esperando el desayuno para salir, pero yo estaba enferma: tenía como ocho nuches por entre las piernas, nacidos y fiebre. La enfermera me estaba revisando cuando escuchamos fue que pa, pa, pa. Me paré y corra a la puerta. Miré que venían los chulos —nosotros les decimos chulos a los soldados—. Estábamos en plena loma y cuando miramos fue que iban subiendo como gusanos. Salí para la otra puerta y también venían. Estábamos emboscados. No había nada que hacer. El otro guardia estaba ahí, con la cabeza destapada a tiros.

Llovíznaba y estaban todos los muchachos alrededor de un palo esperando el desayuno para partir. Entonces miré que mis compañeros iban cayendo como quebrados por pedazos; me dio desesperación. Adentro estábamos el ranchero, haciendo el desayuno, la enfermera, la familia y mi persona. De pronto el ranchero cogió el fusil, salió disparando y les quebró las piernas como a tres soldados, y los soldados con más rabia mandaban granadas a la casa, que ya estaba destrozada, y nosotros con tres niñitos y la mamá; ellos se metieron debajo de la cama, y nosotros sin saber qué hacer. Cogí el arma para disparar, pero luego pensé que no había mucho qué hacer y que si lo hacía me podía ir peor. Boté el arma, boté el chaleco, corrí y les grité que no dispararan porque había niños adentro, pero no me escucharon y siguieron mandando balas. El ranchero salió a disparar otra vez, echó una ráfaga y lo mataron. Ya sólo quedábamos nosotras. La casa estaba destruida, las paredes, todo. Echaban bombas, granadas. Quedamos en un rinconcito y los tiros caían por encima, fue como un infierno, fue como decir: «Si quedo viva, quedo loca; si quedo viva, no recuerdo nada; si quedo viva, quedo inválida; yo de aquí no salgo buena». Esos eran mis pensamientos porque las balas llovían y lo único que yo hacía era sobarme la cabeza y pensar. Mi compañera me dijo: «¡Hey!, venga, no haga nada; venga, venga». Nos vestimos de civil, nos quedamos allá y llegó el Ejército.

Entró un soldado y dijo: «Ya llegamos, los vamos a ayudar». Los niños se salieron de debajo de la cama, yo cogí a un niñito y lo cargué, la enfermera cogió a otro niñito y la mamá al tercero; nosotras les habíamos dicho: «Digan que somos familiares suyos». Cuando de repente ese soldado empezó fue a echarme el carretazo: «¡Huy, mamacita!», me dijo, y que dizque dónde estudiaba. Yo le dije que por ahí, y mi compañera dijo que yo estudiaba en Florencia. O sea, ella decía una cosa y yo decía otra. Ella dijo que yo era su hermana y yo que era prima. Y yo ríame como de nervios, y la otra estaba reasustadísima. Cuando el soldado me dijo: «Venga, nos vamos para Florencia», Él me dio la mano y yo no le extendí la mía, porque estaba enllagada; entre carne viva y sangre tenía mis manos de trabajar; mis pies estaban enllagados de las botas mojadas, mi piel de la cara estaba quemada. Así de lejos se conoce a un guerrillero. Él me dijo otra vez que lo acompañara a Florencia, y yo que no. Al fin le dije: «Soy una guerrillera». Entonces entró un cabo primero y me cacheteó, me pegó, me tiró al piso, me pateó y dijo: «Llévense a esta perra de acá, llévensela que la mato», y yo ríame en el piso, de los nervios. Luego me sacaron para un batallón y ahí ya me calmé un poco, porque un oficial fue a hablar conmigo.

Luego me trasladaron para la corre, para la correccional de menores de Florencia, y de ahí para la casa del menor.

Después me mandaron para Bogotá y entré a este programa. Allí empecé a querer nuevamente mi vida. He estado en casas en otras ciudades y le cogí aprecio a muchas cosas; perdoné a varias personas. Se me arregló mi vida. Tuve muchas cosas claras. Aprendí a valorar la vida, a querer estudiar, a perdonar y lo hice con mi mamá y con otras personas. Funcionó porque antes yo la recordaba y la quería encontrar y cobrarme todas y ahoritica no. Sí quisiera saber de ella.

Aquí he aprendido a tener muchas cosas positivas; perdí el miedo. Recién llegué me daba miedo hablar con los educadores, sentía que ellos me iban a hacer daño, pero ya aprendí a valorar todo.

Ahora pienso seguir estudiando y tengo un proyecto que estamos trabajando, que es montar una miscelánea para sostenerme y terminar mis estudios. Pienso terminar mis estudios y capacitarme en sistemas, estudiar luego en la universidad, ser enfermera, o sea ascender, no pienso quedarme en una sola cosa.

Sofía, quince años después:

«Uno puede salir adelante, pero necesita mucha ayuda»

Sofía ya es una mujer de 30 años. La encuentro gracias a su amiga Catalina, quien también está en este libro («Esas guerrilleras son arrechas para el plomo»). Ellas se volvieron a comunicar hace apenas un mes, cuando se encontraron por Facebook. Catalina me da su teléfono. Hablamos. Está un poco reticente, algo pasa. Le pregunto. Me dice que debido a su historia de vida que apareció en la primera edición del libro, que su familia leyó, no se ha podido reconciliar con su hermano, y me pide que suprima algunos pedazos de aquel texto. Lo hago. A los pocos días, comenzamos a hablar de su experiencia.

¿Qué ha pasado en estos casi quince años, luego de que nos entrevistamos en un hogar para niños desvinculados, cuando iba a salir de allí para ir a una casa juvenil?

En algunas cosas me sirvió estar en los hogares y en las casas juveniles, para estabilizar un poco la mente, dejar un poco lo de la guerra y querer salir adelante, pensando que las cosas iban a salir bien.

¿Que fue lo que más le sirvió del programa?

Lo que más me sirvió de todo el programa fue la parte psicológica.

¿Casada, con hijos, con compañero?

Debido a ciertos problemas de salud que he tenido por lo de la guerra, con el paso de los días me fueron saliendo algunas enfermedades; yo me casé pero debido a lo de la salud me tocó separarme.

¿Qué hizo cuando salió de las casas juveniles?

Yo quedé en embarazo, pero el papá no respondió. Era un parcero, un muchacho de las casas, de las AUC, pero no fue un acuerdo ni mucho menos un amor ni nada. Entonces yo me fui embarazada para mi tierra y tuve una niña.

¿Cómo le ha ido en la vida? ¿Cuál es su balance del proceso de reinserción?

A mí me ha ido mal; he sufrido tratando de darle estabilidad a mis hijas. Le prometen a uno disque un proyecto para sobrevivir, un proyecto de vida; le ofrecen a uno supuestamente la educación, le ofrecen estabilidad. Pero eso es pura paja. En el estudio, pues la primaria y el bachillerato uno paga igual que todo el mundo, entonces eso no es ningún beneficio especializado para uno. Y para entrar a la universidad nunca me colaboraron. A unas personas sí les ayudaron y a otras no. Ahí hay mucha desigualdad en eso. El que tiene gancho y buenos contactos entra, pero si uno no está en eso, queda por fuera, como mucha gente. No pude seguir estudiando.

En lo del proyecto me embobaron, porque yo no sabía; prácticamente me robaron, me tramaron con unos computadores viejos, supuestamente por ocho millones. Entonces ese proyecto no me dio estabilidad ni nada; no funcionó. Ocho millones para solucionarle la vida a un colombiano, eso es falso. Y según el Estado a uno lo reparan por vía administrativa por haber sido vinculada siendo menor de edad, con 30 salarios mínimos; 16 millones para arreglar la vida de uno; para reparar el daño psicológico, lo material, todos los daños, las enfermedades y comprar casa, vivir en una mansión, todo con 16 millones. En los libros eso está bonito, pero a uno no le cumplen con las cosas que deberían ser. Nosotros que fuimos menores de edad vinculados al conflicto armado, somos víctimas del conflicto armado y tenemos derecho a la reparación; por eso lo reparan a uno con tres salarios mínimos. Uno ve un poco de personas trabajando en la unidad de víctimas, pero yo creo que a las víctimas no les está llegando lo que les debería llegar.

¿Cómo ve, desde su experiencia, el proceso de paz actual?
En todo el proceso que he hecho, porque yo apenas hace poco vine a despejar mi mente, veo que Colombia va a tener un grave problema si se reintegran a la vida civil todos esos guerrilleros. Porque si el Estado no cumple, entonces la gente va a buscar el método para sobrevivir. Y si yo no se hacer otra cosa, y en mi cabeza solo está la guerra, y matar y asesinar y secuestrar, pues se van a dedicar a eso.

Y si yo que pasé quince años en un proceso, porque yo ya me gradué; en el 2014 apenas vine a cerrar proceso con la Agencia Colombiana para la Reintegración (ACR). Si con tanto tiempo con trabajo psicológico, trabajo social y con muchas otras personas que estuvieron acompañándome durante todo este tiempo, apenas vine a superar mi vida, a sentirme bien, hace un año. Entonces, un poco de gente que viene con la mente toda torcida, ¿va a cambiar en unos meses o en dos años? La gente no cambia así de la noche a la mañana. ¿Que hoy salieron y mañana ya están reintegrados? No. Si no organizan bien esto, en Colombia se va a poner la situación más difícil; va a haber muchísimos problemas, porque ellos van a sobrevivir como sea. El Estado tiene que ser muy serio con eso y saber responder. Esto es gravísimo.

Es muy importante lo que está diciendo, porque hay ilusión con el proceso de paz, pero ustedes han vivido la guerra en carne propia y el proceso de reinserción. Así que ustedes deben hablar y contarle al país su experiencia.

Exactamente. He tenido reuniones con la Defensoría del Pueblo, porque ellos también me tienen ahí como pendiente. Les he dicho que yo estaría dispuesta a ayudar. Porque salir adelante sí se puede. Pero salir adelante uno solo, económicamente, sin experiencia, sin saber que hacer y con muchas cosas en la cabeza, es difícil. Uno llega a pensar muchas veces que es imposible. Incluso hasta llegué a probar las drogas. Pero logré salir de todo eso. Sí se puede salir adelante, pero se necesita también estar de la mano con alguien; que uno sienta seguridad y que uno sienta que no está solo.

Entonces se necesita el apoyo psicológico, económico y educativo.

Sí. Son tres cosas fundamentales; ¡fundamentales! Y no solamente seis meses; uno en seis meses no se recupera. Y hacer un seguimiento. Sentir que ellos están pendientes de uno; que uno les importa a las personas, no que simplemente están ahí por la plata. Hay muchas personas que lo hacen sólo porque les pagan, como algunos profesores o gente que están ahí con uno sólo por el dinero. A uno le da rabia eso. Porque uno necesita sentir el apoyo de alguien que le importe que uno salga adelante, que uno sí puede, que esto, que lo otro, porque la reintegración es muy dura.

¿Durante cuánto tiempo recibió usted apoyo psicológico?

Como le digo, apenas me gradué; hasta el 2014 estuve con apoyo psicológico. Fueron muchos años, porque yo estuve del 2001 al 2014. Apenas ahora estoy completamente bien psicológicamente, ya tengo claras las cosas y me siento bien, gracias a Dios y a toda la ayuda que he recibido. Cuando usted me tomó la entrevista, usted nos veía muy fuertes, pero yo estaba casi loca. En ese libro hay unas cosas que no debí haber dicho. Con la familia superé muchos problemas; con mi mamá y con otros familiares. Pero con un hermano ha sido difícil. Espero que algún día lo logre.

¿Usted tiene dos hijas?

Una de once años y la otra de siete años. Son de diferentes papás. El papá de la segunda ha ayudado a las niñas. A la primera le dio el apellido.

¿Qué piensa ahora, después de tantos años, de esa época que pasó en la guerrilla?

Que estar allá es como perder la vida en algo que no tiene sentido. Mire. Sería bueno tener posibilidad de hablar con la gente que sale de la guerra, como darles charlas. Nosotros fuimos unos de los primeros niños del programa, y estamos dispuestos a apoyar el actual proceso. Como darle apoyo a ellos; que sí pueden salir adelante, que lo fundamental está en la fuerza, en apoyarse en la gente de uno y que uno puede salir y superar todo. Eso es lo que yo más quisiera.

2

«Me crié con las milicias, pero ahora quiero ser autónomo»

Iván es un moreno bien plantado. Tiene ojos penetrantes; mira y habla con firmeza. Es un ser trascendente, serio, de una sola pieza, echado para adelante. En su nuevo hábitat, una de las casas juveniles, se encuentra bien instalado. Hablamos de su gusto por la lectura y comienza a sacar libros de su armario, uno por uno, con cuidado, cual tesoro, y minutos después de hablar de la guerra y de la muerte se refiere con intensidad a las Cartas a un joven poeta, de Rainer María Rilke. Como recuerdo de su vida anterior guarda un cuello de camisa militar.

C uando era pequeño me la pasaba caminando mi tierra, el Urabá antioqueño. En esa época no estudiaba. Únicamente me enseñaron a leer. Me la pasaba recorriendo caminos, cuidando, transportando. Cuando hacía parte de las milicias de las FARC cuidábamos mucho esa zona de Urabá. Fue una experiencia buena, me gustaba lo que hacía; la verdad es que no me arrepiento. Hacíamos labores militares, se cuidaba, se andaba, cumplía misiones. Obedecía órdenes, lo que mandaran siempre: unas cosas que se pasaban de lo normal y otras que sí eran justas.

Estaba en el Urabá, pero me trasladaron a Medellín. Allá teníamos tropeles con la Policía, con las bandas y con las autodefensas. En cambio, en Dabeiba y Mutatá peleábamos por territorio. Al principio me daba como vaina, pero ya después uno se acostumbra. Estando armado unas veces se pierde el miedo, otras no.

Estuve en la guerrilla desde los siete hasta los quince años. Mi padre estaba en la guerrilla y murió en combate cuando yo tenía siete años. Las milicias me criaron y las FARC me terminaron de parar; el resto lo aprendí por aquí en los hogares.

Salí de la guerrilla por dos razones: yo estaba mal, enfermo, con un problema que tengo en la columna, y nadie me entendió. Lo otro fue un problema con un comandante. Las dos cosas me aburrían, me hacían sentir mal. En la columna tengo una desviación, seguramente por cargar el peso del equipo. Lo que ocurrió con el comandante fue que una vez casi lo mato, pero sin intención. Se me disparó un arma y casi le meto un tiro. El man quedó asustado, desconfiando, pero nada, yo no tenía qué ver. Siempre me dio desconfianza porque prácticamente seguimos de tropel: él me encañonaba y yo le hacía otro tanto, jugando, pero en serio. Entonces dije: «Esto se va a volver de verdad, en un combate me puede matar o en qué momento me hace algo y yo le doy».

Decidí irme por mis propios medios, pero siempre tenía miedo; la idea mía era salir bien de allá, devolver después todo lo que me llevara. Por el camino no aguanté más, me tocó botar el equipo, era incapaz de cargarlo. Me quedé sólo con cosas muy livianas, pero me tocó detenerme porque no era siquiera capaz de seguir caminando. Me tuve que entregar, con miedo y todo, porque pensé: «Estos *manes* me van a matar». Sentí valentía y les dije: «Me voy a entregar, estoy enfermo, estoy mal, llevado». Entonces me les entregué a la salida de un combate, me desvié por allá en Cantagallo, Cundinamarca.

Llevo ya cuatro años en este programa y tengo 18 de edad. Aquí he estudiado. He aprendido bastante porque me resulta fácil. Estoy contento porque todo lo que me enseñan cada día lo aprendo, me gusta y es bueno. No es que sea facilista, sino que todo se me queda. Me siento muy bien y me da orgullo estar por acá. Estoy estudiando, voy en sexto y tengo un proyecto de vida que me va a apoyar la OIM: es una panadería. Después de salir de la guerrilla tomé un curso y me quedó gustando. Seguí haciendo pan y hoy en día me defiendo; no es que sepa bastante, pero sé trabajar y por eso mi planteamiento fue crear una panadería. Me junté con mi amigo Javier, y ya Corfas nos está ayudando con los trámites y lo demás.

Yo confío en Javier, es un chino muy chévere y somos como hermanos. La verdad es que yo fallo en algo y él de una vez me dice: «¡Pilas, Iván!», y me cae de una; si él falla, yo le digo: «¿Sabe qué?, hermano, usted está fallando, mire a ver si se pone las pilas». Con cariño, sin agresiones; de pronto las palabras con voz alta, pero sin ofendernos.

La vida mía ha sido dura, pero hay que echar para adelante. Como ha sido mala, también ha sido buena. Me gusta como soy y también me gusta como pienso. La idea mía es mejorar: pienso dedicarme al proyecto y seguir estudiando, pero ya será de noche.

En este país los grupos alzados en armas están en guerra, y la guerra va a seguir. Se terminaron los diálogos con las FARC y qué embarrada, porque le están tirando a las ciudades y eso daña muchas cosas. Yo conocía mi tierra cuando era muy pequeño y veía cómo era de buena. Hoy en día la dañaron; han dañado lo que era especial en esos lugares, en los pueblos, a punta de guerra. Lo dañan los grupos armados, ninguno se salva. Ahora a la gente le da miedo y por eso hay muchos desplazados y mucho desempleo.

Recuerdo mucho la guerra. Si tengo la comodidad de dormir encogido, así amanezco. Si me extiendo, me echo a soñar unos sueños que son como pesadillas, pero que a la vez son una realidad. Sueño otra vez en la guerrilla, peleando, que me están corretiando, que me van a matar, que me están matando o que estoy matando a alguien. Sueño de todo: con espantos, con gente querida, antigua, hasta gente que ni siquiera conozco. Sueño muchas cosas y siento como si me estuvieran jalando los pies, pero me despierto y no es verdad, sino que es sueño. Entonces me da miedo, de una vez me paro y comienzo a andar por ahí, a rondar, o escucho música, o me pongo a hacer ejercicio, porque de ahí en adelante ya no soy capaz de dormir, ya me quedo despierto.

La verdad es que matar no es algo que a uno le nazca de la cabeza, sino que le dicen: «Mate a Fulano», y si uno no lo hace genera desconfianza en el grupo. Lo pueden quebrar por esas desconfianzas que le cogen: si no fue capaz, está colaborando con el enemigo, colaboración involuntaria o voluntaria; uno siempre teme eso. Pero no es que le salga a uno del corazón hacerlo.

Me pongo a pensar que soy una persona intolerante, pero eso no quiere decir que llegue y listo. Soy intolerante y si alguien me hace dar rabia no es que «espérese tantico y...». No, me da la rabia y me tranquilizo. Si pasan cosas mayores, por ejemplo en la calle, si veo algo y se me sale de las manos, algo toca hacer, pero que me nazca así, no. La vida no es de nadie, ni la de uno siquiera, y solamente Dios es el que tiene derecho de quitarle la vida a uno o al otro. La vida se le acaba a uno cualquier día, pero eso no quiere decir que uno se pueda adueñar de la vida de otro. Pienso más bien que con el diálogo se arreglan las vainas.

Me gusta mucho leer, la literatura me gusta bastante. Tengo libros que me han regalado: de poemas, de historias, de cuentos, de todo tengo libros. Me gusta leer historias, poemas de amores, poemas de historias, cuentos... Mire, tengo estos libros: *Mientras haya vida, Cómo ser poeta, Cartas a un joven poeta,* de Rainer María Rilke, y *Doce cuentos peregrinos,* de Gabriel García Márquez. Tengo también *Amistad y Matrimonio y sexo.* Una buena amiga me regaló este libro,

Cartas de amor, que fue el primero que tuve, y un educador me dio esta *Biblia*.

Ya he leído dos veces el de las *Cartas a un joven poeta*. Me gusta bastante cuando Rilke comienza a hablar con Kappus, el joven poeta, le cuenta toda su experiencia, y entonces el joven le manda cartas diciéndole que él también quiere ser poeta, y el maestro le manda a decir —ellos están en diferentes países—que escriba cosas que le nazcan del corazón, pero que no escriba, por ejemplo, de un noviazgo, sino cosas que le nazcan de la mente, o sea, como enseñándole a ser sabio. A lo último, cuando Rilke muere, el joven poeta se encuentra con otro, le dice que es autónomo, que lo que él escriba es de él porque le nació a él y que él no tiene por qué escribir o hacer lo que los otros le dicen... Kappus era un cadete, yo un miliciano.

Me tocó cuidar secuestrados. Eso me ayudó a despertar, pues ellos le decían a uno cosas, le daban consejos para encontrar caminos de tomar decisiones, para ser una persona autónoma pero que también se refleja en otras personas. Cuando alguien me dice cosas, yo pienso, y lo bueno es pensar. Si uno tiene un amigo y resulta que esa persona es un tipo que lo lleva por el mal, pues uno piensa y dice: «No, este man qué, nada; este man no me sirve». Si es alguien que le dice a uno cosas que le sirven, uno reflexiona y le pone cuidado.

En la guerrilla era un chinito que no sentía tener cosas mías, y yo quería algo para mí. Recuerdo un día que nos mandaron a un territorio de autodefensas en Cundinamarca, íbamos no más cinco. «Métanse allá y pilas, anden en la noche despiertos y no se vayan a colgar porque el que se cuelga se muere», nos dijeron. Eso fue adentro de Villeta, por allá por La Peña. Salimos nosotros cinco a las diez y llegamos a las dos de la mañana. Nos sentamos a descansar, empezó a lloviznar y luego se largó a llover, pero nos habían dicho que no lleváramos carpas ni nada, así que sólo teníamos una carpa chiquita y una toallita. Armamos esa carpita en un sitio bonito y tranquilito, pero se vino un arroyo y se nos metió el agua. ¡Ay, Dios mío! Y uno con todo ese peso y la ropa mojada y en medio de un pantanero. Parecíamos cochinos revolcados y hacía mucho frío. Nos provocaba llorar, y se sentía uno muy mal. Eso es berraco.

Amigos allá no tenía. Compañeros sí. No como acá con Javier, que es de confianza total. Aquí hay mucha confianza con estos chinos, se puede hablar, se puede dialogar. Allá uno puede tener novia, puede tener una relación. Yo tuve una, pero todo se acabó cuando me cambiaron para Medellín. Aunque allá no le dicen novios, allá se dicen mozos, mozo y moza, mozos o socios. Nosotros podíamos hacer el amor, pero con permiso: «Permiso, mi comandante, necesito dos horas para tal cosa». Ellas utilizan una T, porque allá no se puede tener chinos, perjudican al frente y a la persona. Si quedan embarazadas las hacen abortar, y eso es triste. A mí no me gustaría.

En las milicias urbanas en Medellín era distinto; a veces uno tomaba licor. Los mismos civiles se encargan de invitarlo; como que uno se roba el cariño de las personas. A veces se bebía, pero si nos cogían nos metían sanción. Y si uno, por ejemplo, sale a una misión y bebe, y como a uno lo meten en partes muy peligrosas, donde lo cojan y esté borracho, ¿qué va a hacer?

En las comunas de Medellín vivíamos en una casa, pero prácticamente dormíamos más por fuera. A la casa solamente llegábamos y nos cambiábamos; andábamos vestidos así, común y corriente, pero armados. Uno estaba pendiente a

ver qué le mandaban decir, qué misión le ponían a hacer.
Y trabajos de guardar, almacenar. Andábamos armados pero
nunca robábamos, eso es algo que el mismo movimiento se
encarga de acusarlo a uno si lo hace. Allá conocí a un grupo
de milicianos que la embarró: los manes atracaron una finca
y pailas, a todos los mataron; la misma guerrilla se encargó.
Como yo era un peladito, qué iba a andar con ellos por allá
robando. Yo decía: «Tengo que estar aquí, el sitio mío es éste,
yo no me puedo salir de acá, a mí no me han dicho nada».
Porque también llegaban muchachos de 18, 19, hasta de 15
años, y todos locos se iban a robarle a otro más pobre que
uno; el ideal de nosotros no era ese. Por hacer eso mataron
a un muchacho.

En medio de todo, he sobrevivido. Cuando Dios lo tiene
a uno para algo es por algo. Imagínese que yo estoy limpio:
no tengo ni siquiera un rasguño en el cuerpo. Me pongo
a pensar que yo, en caso de algo, me le puedo medir a otro
a plomo; no es que no sienta miedo, pero yo soy berraco.
En cambio con otro a cuchillo no me le mido. A las armas
blancas hay que tenerles miedo, toda mi vida he dicho eso;
en la guerrilla también. No soy capaz de matar a otro a
cuchillo, porque el que a cuchillo mata, a cuchillo muere.

Quince años después:

«Si me hubieran dejado por ahí, me habría estrellado»

*L*ogro ubicar a Iván gracias a la colaboración de su amigo Javier, con quien siguen comunicados. Lo llamo. Está en Bogotá. Hablamos varias veces. Finalmente nos ponemos cita en la Pastelería El Minuto, en el barrio Minuto de Dios. Llega en su moto limpia, cuidada. Su rostro también es limpio, despejado. Su mirada directa, profunda. Su sonrisa amplia. Cada vez que le propongo algo, me mira y responde: «Listo, hágale», con entusiasmo. Se muestra seguro en sus conceptos e ideas.

Cuando terminamos el proceso, con Javier montamos la panadería que teníamos pensado; contamos con el apoyo que nos habían prometido. La panadería estaba en Piedecuesta, Santander, nos iba bien, pero era mucho trabajo. Y uno ahí metido; no había tiempo ni para salir. Venda pan y trabaje. Ese compromiso era muy fuerte. La responsabilidad; no había tiempo ni para ir a hacer una vuelta. Me sentía muy encerrado, como que no era lo mío. Tenía en la mente explorar. Quería salir a buscar otra cosa, y Javier igual. Entonces la dejamos y nos vinimos para Bogotá. Cuando iba donde la OIM siempre me recordaban la panadería (*ríe, con cierta picardía*).

Aquí abrí un poco más los ojos, y empecé a buscar trabajo. Como más o menos conocía la ciudad, al llegar traté de trabajar en mensajería, pero las direcciones son muy complicadas acá. No pude. Alguien de OIM me dio un empujón. Me apoyaron con unas personas en una empresa. Luego, ya con experiencia, conseguí trabajo en otra empresa, en la que llevo ya seis años. Me ha ido bien. Tengo contrato de trabajo, con prestaciones y todo, como una persona normal que no ha vivido una experiencia como la que tengo. No seguí estudiando. Me dediqué sólo a trabajar. Tengo una niña y un niño. Vivo con la mamá y con la niña; el niño es de otra relación. Vivimos con lo mínimo, pero la vida nos trata bien. Tengo treinta y dos años cumplidos.

A mí el proceso de reinserción me sirvió muchísimo. Creo que si hubiera salido de allá, y me hubieran dejado por ahí: «lo sacamos y defiéndase como pueda», me habría estrellado. Todo lo que aprendí en los programas del gobierno, de Bienestar Familiar, me sirvió muchísimo; los talleres y todo eso. Porque uno venía con esa problemática y ellos lo que hicieron fue ayudarnos psicológicamente; ayudarnos para poder enfrentar la vida. Fue un buen apoyo; muy buen apoyo. Gracias a esto, uno sale después con otra mentalidad, la de la vida civil.

Creo que el proceso de paz de ahora es difícil; es mucha gente la que está allá metida, y mucha de ella es analfabeta. Los tendrían que apoyar muy bien, como el proceso que hicieron con nosotros en Bienestar Familiar. Porque si no, puede haber más delincuencia en las ciudades. Es necesario que cuando ellos salgan les hagan un seguimiento como el que hicieron con nosotros; un apoyo todo el tiempo, para que estén capacitados y puedan reintegrarse a la sociedad; de pronto así funcionaría el proceso. Con nosotros hubo muchachos que se fueron otra vez para allá; otros se volvieron delincuentes. Algunos aprendimos y lo aplicamos.

Tengo compañeros que terminaron el colegio y están en la universidad; otros ya terminaron la universidad y están trabajando. Están bien.

Por eso digo, nosotros tuvimos mucho apoyo psicológico de las personas que trabajaban cuidándonos; eran personas que estaban comprometidas en apoyarnos. Cuando yo tenía problemas, ellos estaban ahí. Entonces, si a uno lo sacan o sale de allá sin el apoyo psicológico que necesita, ¿qué pasa?: se desvía rápido, y uno ya no se vuelve desmovilizado sino delincuente.

Una vez llegaron unas personas de otro país, creo que con los de la OIM. Llegaron a Bucaramanga a ver cómo estábamos nosotros. A ver cómo nos encontrábamos, cuando estábamos todavía en las casas juveniles. Y ellos nos reunieron y quedaron como pasmados. Cuando hablaron dijeron que ellos esperaban encontrarse con personas que estaban mal, emocionalmente mal. Y nos contaban que en los conflictos que había en África, los muchachos eran personas que estaban psicológicamente mal, y que a nosotros nos veían bien, que nos reíamos y mamábamos gallo.

Pero yo estuve mal, muy mal una época. Mire que cuando salí de los programas… Yo vivía por acá cerquita, entonces con unos compañeros hicimos una parranda. Y ya cogido del trago me quedé así como dormido. Un compañero me puso la mano y me llamó «Iván, Iván, Iván». Lo agarré y casi lo maté; yo estaba como en shock. El me gritaba, «Iván, Iván, Iván». Y ya lo tenía ahí para joderlo. No se como desperté. Él decía que yo tenía los ojos abiertos como si estuviera despierto, pero yo estaba como dormido, no me estaba dando cuenta de lo que estaba haciendo, y lo estaba estrangulando.

Pero no era por el trago sino que yo tenía un problema. Esa psicosis de que me iban a coger, de que me iban a matar. Al comienzo tuve también esos problemas con mi compañera; dormido la botaba de la cama, y me iba en contra de ella. Ella me dice que una noche me llamaba y me llamaba y que yo la solté y me dormí. Pero era dormido que yo lo hacía. Al otro día ella estaba asustada. Me dijo: «¿Usted se acuerda de lo que pasó anoche?». Yo le dije: «No, ¿que pasó?». Y empezó a contarme. Y fueron varias veces. Pero ya no me ha vuelto a pasar. He tomado y no me ha pasado nada. Ahora con el hogar que tengo no he tenido ese problema últimamente. Ella sabe de mi historia, y me ha entendido. Y eso me ha ayudado.

Ahora ya no leo tanto. Dejé todo lo que tenía en ese tiempo, hasta los libros. Sólo traje la cobija. Cuando salí del programa no tenía nada. Sólo tenía una cobija y dos mudas de ropa. Hablé con el dueño de una casa y me arrendó la pieza. Conseguí unos cartoncitos, los puse ahí y me arropé con mi cobija. Y con ese frío que hacía. A mi me tocó muy duro como seis meses, cuando salí de los albergues, recién llegado a Bogotá. Madrugaba a las cinco y a las seis cogía la ruta para irme a trabajar. Así todos los días. En la noche no me cogía el sueño temprano, entonces me ponía a vitriniar, hasta que ya tardecito, por ahí a las diez de la noche, me daba sueño y me iba a dormir. Así hasta que fui consiguiendo cositas, de a poquito. Una ollita, la estufita. Un cilindro. La cobija, una *lainer* camuflada que tenía desde las FARC, se la regalé finalmente a alguien de la calle que tenía frío; se la di y le dije: tome hermano, para que se arrope. Yo me desprendí de todo eso. De todo. A veces escucho las noticias y ahora con esa vaina de la paz, pero normal. Ni ganas de ir por allá me dan; no se me pasa por la mente. La tranquilidad no se cambia por nada; estar uno tranquilo no tiene precio.

De todo he aprendido en la vida, y lo he aprovechado. No es algo que uno se enorgullezca, porque esta guerra me golpeó estando muy pequeño; la experiencia dura comenzó a muy temprana edad. Las experiencias le sirven a uno para andar despacio. Andar con cuidado, tranquilo. Saber qué consecuencia tiene lo que uno hace. Yo no me arrepiento de lo que pasó; todo me ha servido en la vida. Con mi amigo Javier seguimos en comunicación; cuando viene a Bogotá nos vemos, pero yo no he ido a visitarlo.

Sí, sobre mi madre no hablé la vez pasada… Es que yo la vi morir. Ella tenía un cáncer muy avanzado. Ahí fue el momento donde mi vida se partió en dos. Porque por lo menos tenía el apoyo de ella, y cuando ella falleció, lo que hice fue cerrar los ojos e irme. Yo tenía como 13 años. Yo ya estaba en las milicias. Mi padre murió en la guerrilla cuando yo estaba muy pequeño.

De los amigos de mi papá había uno que me hablaba muy bien del viejo. Él me decía *Sombra*, y me pasó un arma; me dijo: «Eso es suyo». Yo todavía pelado y con semejante arma, andaba de arriba para abajo con ella. Él era de las FARC; él fue el que me encarriló por el camino de la guerrilla. A los días de tener el arma conocí a los propios-propios. Él me mando por allá. Me dieron mi dotación, y otra arma, pero sufrí harto porque pesaba mucho, una mini 14, un fusil pero pequeñito. Cuando se dieron cuenta que no podía con el arma, me dieron un R-15, pero seguía sufriendo cargándolo. Yo tenía como ocho o nueve años. Habíamos como tres pelados que nos la pasábamos juntos. Había uno, *Curruja*, que tenía mi misma edad pero era más pequeño, y se agarraba a llorar. Yo era calladito para no dejarme ver de los comandantes. A veces a mi también me daba la chillona; nos daban ganas de llorar cuando se ponía de noche. Se sentía uno como olvidado, como dejado. Sentimientos que le dan a uno de la casa.

(*Va leyendo su texto anterior y recuerda*).

… Mmmmm… Medellín las bandas y eso; fue una época muy dura. Esas bandas que había allá las estaba apoyando la autodefensa. Nos tiraban duro. Me sacaron de allá porque los paras se metieron en la noche, creo que con apoyo de la Policía, porque por un lado nos atacaba la Policía y por el otro nos atacaban las bandas. Me acuerdo tanto que nosotros nos escondimos en una casa, y como yo era un pelado todavía, salí así, como si nada. Y me acuerdo que vi cuando entró el camión de la Policía, y después volvió el mismo camión pero ya no eran policías, eran paramilitares. Y me acuerdo tanto que había unos manes de la Fiscalía en ese barrio, y se dieron plomo con la Policía. Después se dieron cuenta de que eran los mismos pero se dieron plomo ventiado, eso fue un espectáculo para mí.

A veces recuerdo la vida en la guerrilla, pero cada vez menos. No hablo de eso. Ahora es como vivir el momento. Eso quedó atrás. De cada momento saco experiencias para seguir adelante. Me ha servido, creo que por eso he llegado donde estoy; y donde estoy, estoy bien, gracias a Dios.

Tuve un problema hace ya cuatro años. Me dediqué a consagrarme y a estar con Dios, a tener como esa relación divina de pedirle a mi Dios estar cerca. Aprendí a hablarle a Dios, no a meterme a una iglesia, porque las religiones se burlan de uno, y piden y piden. Le pedí mucho a Dios por mi familia, pero mi hermana y mi hermano tuvieron un problema en Medellín; mataron a mi hermano por defender a mi hermana, entonces fue algo que me dolió mucho. Entonces pensé que era como si Dios me estuviera cobrando algo, como haciéndome ver lo que se siente cuando se pierde algo o alguien que uno quiere. Una experiencia muy dura, para qué, yo sentí hasta que estaba bravo con Dios (*ríe*). Yo le discutía a Dios; quien me viera pensaría que yo estaba loco o drogado. Le decía: «Dios mío, pero si acabamos de hablar para que protegieras a mi familia; ¿por qué me tiene que pasar esto?». Fue muy duro, para qué. Eso me ha hecho aprender que lo que uno hace, tarde que temprano vuelve. Que todo da vueltas. Uno le hace un mal a alguien y después uno tiene que pagar. No que lo metan a la cárcel, porque de allá uno sale peor. No, esta vez fue Diosito mismo quien me tocó el corazón, el alma; todavía me duele.

Nosotros somos seis hermanos. Tenemos buena relación entre nosotros, y a pesar de que yo me había ido por allá, los recordaba, y pensaba mucho en mis hermanos. Papá y mamá no teníamos pero los tenía a ellos; yo sabía que íbamos a coger futuro cada uno por su lado, y tenía la esperanza de que cuando los fuera a ver los vería bien a ellos. Mi hermano era un pelado que no se metía con nadie. Lo que pasa es que iban a matar a mi hermana. Un tipo drogado venía como ofuscado con alguien y se encontró con mi hermana y le dijo algo a mi sobrino y mi hermana le dijo que le respetara al hijo, y el hombre se fue en contra de ella a cogerla a puñaladas y mi hermano lo que hizo fue que no peleó con el hombre; él solamente se acostó sobre mi hermana a recibir las puñaladas que iban para ella. Pero igual eso a mi no me ha torcido el corazón. Mi integridad sigue igual, enfocándome hacia delante, pero sí me ha dolido mucho. Sí, es lo que más me ha dolido en la vida.

Todo esto que me ha pasado ha marcado mi vida. Me ha dado experiencias. Yo tengo como una referencia, un cuento. Es el del morrocoy, que oí una vez. Es un ejemplo que me ha servido para la vida: el morrocoy anda lento, pero anda muy seguro. Todo lo que he vivido y me ha pasado, me ha servido para andar lento y seguro, como el morrocoy. Así fue como la tortuga le ganó a la liebre.

Ese cuento lo aplico mucho. Uno aprende de otros, son espejos. Si yo sé que voy tarde para mi trabajo, para qué correr. Si voy tarde, voy a llegar tarde. No afanarse uno, tranquilo, quedarse relajado. Si usted va en moto, puede matarse. Si va en carro, puede accidentar a alguien. Y si va a coger el bus, puede caerse. Si ve que va a llover, y se tiene que ir a donde está lloviendo, pues se va, pero no correr; igual se va a lavar, para qué corre. En mi moto, cuando caen esos aguaceros duros, pongo mis direccionales y me voy despacio por la derecha. Si me pongo a correr, me puedo resbalar y me caigo. Igual me voy a lavar.

Espero de la vida poder volver al campo algún día. Pero no aspiro a irme para mi tierra. Hay más partes. Que Dios me de la oportunidad; yo no juego al baloto pero ojalá me lo gane (*ríe*).

Quiero irme a descansar, a relajarme. Bogotá es un estrés. Y eso que yo ando en moto relajado, mirando, despacio. Yo tengo carro, pero no lo saco. Ahí está, lo uso para ir a hacer mercado, para ir a comer helado, para ir a pasear… Hace poco estuvimos en el Meta, con la familia, y nos tiramos en un río. Por eso le digo que quiero irme para el campo; el río, los pajaritos, los pollitos, los animalitos.

Hay algo que yo pienso y es: el gobierno debería era invertirle al campesino, al campo. Le tiran muy duro al campesino. No debieran cobrarle tanto impuesto y tanta vaina; que el campesino se quede en su tierra, y la quiera y nos alimente. Pero los campesinos ya ni quieren cultivar porque todo les sale muy caro.

3
Lidiando pandilla, guerrilla y familia

Sonríe a cada momento. Cuenta historias tenaces y suelta la carcajada, como si nada. Como si eso no le hubiera pasado a ella. Parece incapaz de hacerle daño a alguien. Y no siente que sea mala. Lo que ha hecho es porque le ha tocado, afirma. Respira alegría, buena energía por todos sus poros. En lo que dice, como lo dice y como actúa se siente que ella es una líder natural; de esas personas que nacieron para coordinar y ponerle orden a otros. Baila y canta con sabor, sabe moverse. Y así como es de dadivosa —ve siempre por sus compañeros— es una guerrera a la hora de la pelea.

Recuerdo que cuando era niña me festejaron el cumpleaños. Cuando cumplí cinco años me hicieron una fiesta. Fue muy lindo. Con mi familia viví hasta los diez años y ahí me salí de la casa; éramos once hermanos por toditos. Mi mamá no trabajaba pero mi papá sí; trabajaba en eso de vender productos. Fui feliz, pero no me trataban muy bien que digamos; con mis papás tuve muchos problemas. Ellos son pobres y querían que trabajara desde pequeña, entonces sufrí con ellos por eso. Estaba pequeñita y no sabía ni cocinar, ni lavar, ni hacer nada; ese fue el problema que tuve con mis papás. ¡Me daban más duro! Ya mis hermanas se habían ido de la casa —se habían casado jóvenes, la mayor se casó de trece años— porque no se los aguantaban. A mis hermanos, a los varones, no los maltrataban, pero a nosotras sí, a las mujeres. No sé por qué, fue lo único que no pude entender; por qué nos maltrataban a nosotras. Yo estoy resentida con ellos, no les he perdonado que me hicieran sufrir tanto.

A los diez años me fui para la calle, donde estuve como hasta los 16. Andábamos en pandilla por las calles de Cartagena; yo era la que mandaba. Éramos como once, tres mujeres y los demás hombres. Caminábamos por ahí pero no como gamines. Yo estoy acostumbrada a vestirme en shores, camisa cortica y tenis. Andaba por la calle pero nunca aguantaba hambre. Lo que pasa es que por la calle lo que uno hace es robar; yo era la que mandaba robar a los otros. Nosotros veíamos, visitábamos y en la noche nos metíamos a las casas a robar neveras y televisores. Andábamos en carro, en moto, en todo andábamos nosotros. Un día que íbamos llegando tarde bajamos a un señor de un taxi, cogimos el carro, la llave y nos fuimos; íbamos llegando tarde a la casa y teníamos que hacer unas vueltas. Así viajábamos.

El año pasado, en febrero, me encontré con uno de los milicianos y tuve contacto con ellos. Fui guerrillera, pero no de meterme en las filas. Les hacía compras. Andaba por la calle en Cartagena, pero ya no pasaba mucho rato allá; tenía que ir a Barranquilla, Sabanalarga, Sincelejo, Carmen de Bolívar haciendo diligencias para nosotros, los de la pandilla, y para la guerrilla; tenaz cuando uno tiene dos responsabilidades encima. Después, cuando a mí me agarraron, me iba a meter a filas, porque me estaban buscando. El miliciano con el que tenía contacto me dijo: «Stella —ese fue el nombre que me pusieron—, usted se tiene que meter a filas, vea que la están buscando los paras». Yo le dije: «¿Cómo? ¿Dónde? ¿En Cartagena?». Y tocó. Nos pusimos una cita, va a ser un año. Mi hermana y mi familia no sabían que yo tenía contacto con la guerrilla, no sabían nada y nunca se los quise decir.

Cuando andábamos con la pandilla teníamos un departamento en Cartagena. Nos iba bien, no sufríamos. Sólo un día nos siguieron los polochos, porque como que se dieron cuenta de algo, de una vuelta que estábamos haciendo; ese día nos siguieron pero nosotros los perdimos y no pasó nada. De resto estábamos común y corriente, íbamos a fiestas, bebíamos, amanecíamos bailando.

En nuestro departamento teníamos todo: equipos, televisor, nevera y no equipos cualquiera, sino equipos de parlantes grandes.

Droga no metíamos. Nunca supe qué es eso. Me decían: «Toma», y yo que no: «Ustedes están locos, yo qué voy a fumar eso», les decía, pero sí fumaba cigarrillo y tomaba trago. A mí no me gusta andar endrogada, que no sabe uno lo que hace. Un día uno de mis compañeros me quería poner problema porque estaba endrogado, entonces otro lo iba a chuzar, y le dije: «Usted parece bobo; ponerse a pelear así; acuéstese a dormir y no juegue más con eso que es peligroso». Era en medio de la fiesta y me iba a formar problema. Dije: «Esto se acabó. Vámonos». Nos fuimos para la casa a dormir y no hubo más problema con eso.

Yo me bañaba, me vestía, salía del departamento y llegaba a mi casa. «¿Dónde estaba usted?», me decía mi mamá, y que cómo estaba. Y yo que bien. Ella lloraba y me decía: «Usted lo que está haciendo es mal». Yo le contestaba que no estaba haciendo nada malo. Entraba, le esculcaba la cocina y no tenía ni aceite ni arroz ni nada, ¡y yo como con 100.000 pesos en el bolsillo! Entonces le decía: «Ahorita vuelvo»; me iba, le hacía mercado y le dejaba plata. Ella me preguntaba que de dónde sacaba la plata. Le respondía que hacía vueltas. Y ella que cuidado. Pero, eso sí, a mis compañeros de la pandilla no los llevaba por allá; iba sola y regresaba. A veces me quedaba en la casa, pero casi siempre en el departamento de la pandilla, porque yo era la que mandaba y si no estaba me hacían un desorden tenaz. Un día robaron una nevera sin permiso mío. Me les calenté y les dije: «Vean, ¿ustedes por qué hicieron eso?, ustedes verán, pero si los siguen los polochos, van a dar allá el bulto, a la cárcel». Ellos me decían que no sé qué, y que tranquila. Me fui, pero cuando volví al departamento ya habían vendido la nevera y me tenían la plata. Y yo: «Ustedes son la cagada», y comienzo a regañarlos, a darles gallina, y me dicen: «Ajá, tras que le hacemos un favor y dándonos gallina». Al fin les dije: «Bueno, está bien, pero otro día que lo hagan les va mal». Ellos que no, que tranquila, me decían: «Lo que usted ordene». Tenía que ver por ellos y por mi mamá. Yo no dejaba de visitarla porque mi mamá estaba enferma. Un día la llevé al médico y me dijeron que si la quería ver viva otros días más tenía que cuidarla mucho, me asustaron y entonces la iba a visitar cada ratico. Pero después casi ya no iba, porque tenía comunicación con la guerrilla y tenía que hacer vueltas. Yo les agradezco a mis papás porque me enseñaron a ser responsable, a ser líder y de eso les doy gracias.

Desde chiquitos comenzamos a armar la pandilla, con los amigos, como sobreviviendo. Después yo ya tenía 15 años, y los otros 15, 16, 17; las chinas tenían 17, eran mayores que yo, pero me respetaban. De armas sólo tenía una pistola que me mandaron cuando tuve contacto con la guerrilla; me dieron una 38. De resto, cargaba chuzo y navajas, desde chiquita, desde los diez años. Un día que una vieja se la quería montar a mi mamá, yo la defendí. Me hice cortar pero la vieja llevó. Se iban a meter mis compañeros y yo: «No, este problema lo arreglo yo, tranquilos». La vieja me chuzó en dos partes, me dio puñaladas con un chuzo. Yo no llevaba el cuchillo pero cargaba la pistola, aunque no me la dejé ver. Rompí una botella y la chucé con el pico. Estábamos en la pelea y estaban también mi hermano y mi hermana, quienes trataron de cogerme. Les dije: «No me agarren, me hacen el favor; no me agarren que ustedes no tienen por qué agarrarme». Yo estaba casi borracha, porque andábamos en una fiesta, y la vieja me dijo: «Usted me las va a pagar por su mamá». Yo le respondí: «Listo, si el problema es conmigo, hagámosle», y ahí fue cuando la chucé. Le dije: «Venga», y la cogí por el pelo y la estrellé contra la pared. El papá de la vieja me iba a pegar. También le dije: «Venga». No sé de dónde saqué fuerzas, y le metí la mano al viejo, que era todo flaquito. Al día siguiente me amanecieron doliendo los dedos. De ahí me fui para el hospital y me cogieron cuatro puntos, pero a la vieja no sé ni qué le haría ni qué se haría; total, no la he visto más, y eso ya tuvo un año.

A los de la pandilla yo los regañaba así, a boca, y les daba mucho consejo. Les decía: «Cuando yo ya no quiera estar más aquí, me salgo, pero ustedes tienen que ser responsables de ustedes mismos, porque yo no voy a andar cuidándolos siempre». Y les hablé el día que me iba a meter a filas: «Suerte y pulso, nos vemos; ojalá que no les llegue a pasar nada y ojalá que ustedes no se dejen pillar». De ahí me fui a Sabanalarga a hacer una diligencia para la guerrilla.

Un día le robé a una vieja que llevaba cadenas de oro, pero a la vieja no le hice nada, simplemente me entregó todo. Claro, yo la amenacé, saqué la puñaleta y le dije: «Me entrega todo lo que tiene o se va». Me entregó todo. La vieja, asustada y yo sola. La vieja temblaba y yo me fui como si nada hubiera pasado, claro que le dije: «Cuidado me va a sapiar, porque la lleva mal conmigo», pero la vieja dijo que no lo haría. Me la encontré luego y me saludó: «Quihubo, ¿cómo vamos? Yo no he dicho nada»; ella pensaba que yo le iba a hacer algo, y le dije: «Ya sabe».

Para atracar uno deja de poner cara de niña buena; se pone serio como si fuera malo, pero, qué va. Yo no soy mala. Hacía esas cosas porque me obligó la vida a hacerlas, pero no porque yo quisiera. Por una parte, yo no he sentido que sea malo hacer eso, pero por otra sí. No me parecía bien robar, pero hay veces que los padres lo obligan a uno a hacer eso, porque lo echan de pequeñito. ¿Qué más tiene que hacer uno? Echarse para la calle, porque ¿para dónde va a irse? Y uno ¿qué hace en la calle? Yo sufrí porque no me dieron estudio, que era lo que me tenían que dar. Si tan siquiera me hubieran dado el estudio estaría contenta, feliz de la vida, pero no me lo dieron y lo único que yo hice fue hasta tercero, que me puse a estudiar cuando estaba pequeñita, hasta los siete años. Aquí en este programa terminé, pasé la primaria y estoy en bachillerato.

Por eso, a veces cuando me preguntan: «¿Va a volver con su familia?», les digo que no. Para donde mi familia no voy, no me quiero ir para allá; para sufrir otra vez no quiero, aunque ya estoy hecha y derecha. Mi familia dice: «Venga, que nosotros le damos todo». Y yo se lo dije a la de Bienestar: «¿Todo? ¿Con qué?». Ellos no tienen nada, son muy pobres, no me dan el estudio, no me dan lo que quiero; ellos piden eso, pero yo a ellos les tengo rencor. Me acuerdo que un día mi papá me dio una pela con un cable y me sacó sangre. Yo no les respondía, sólo un día que me acuerdo, que me arrepiento tanto, intenté cascarle a mi mamá; le alcé la mano para pegarle, pero me arrepentí y creo que nunca irá a pasar más. Ellos ya no me pegan, pero porque no estoy allá. A mi hermana de 23 años, que tiene un hijo, la regañan y le pegan todavía. Yo les dije que no debería ser así; no estoy de acuerdo. Yo sí voy a tener hijos, ¡claro!, voy a tenerlos pero no los voy a criar como a mí me criaron; los voy a criar mejor y les voy a dar todo lo que necesiten, porque lo que yo necesité, lo que más quería, el estudio, nunca lo conseguí con ellos, nunca.

Todo ese billete con el que yo andaba no me hace falta, porque a uno aquí le brindan amistad, apoyo, amor, como una familia, y si se va uno de aquí le va a hacer falta eso. A uno le hacía falta amor y tranquilidad, porque uno anda por la calle y anda feliz, pero no anda tranquilo, porque piensa que se le van a meter los polochos. A mí me asustaron cuando me dijeron que me andaban buscando los paramilitares. «¡Mierda, me compliqué la vida!», pensé.

El día que me iba a filas quería hacer una fiesta. Invité a mi hermana, pero no le dije nada más, sino que me iba a hacer unas vueltas. Le pagué a una señora para que fuera a hacer comida y compramos ponqué y gaseosa, y teníamos cerveza y ron. Nos fuimos para una finca a hacer la fiesta, y allá me iba a buscar un guerrillero. Nos encontramos y me preguntó que si estaba lista. Le dije que se me había quedado la ropa, pero me respondió que eso no importaba. Le entregué la pistola y le dije que me la diera más luego; con lo único que me quedé fue con el registro mío, con el registro civil. Entonces comenzamos a bailar, a tomar, a fumar cigarrillo. Como a las siete de la mañana el guerrillero me dijo: «Bueno, vamos». Me fui a buscar un burro que había llevado mi hermana, y ya cuando salíamos le dije a ella que se fuera adelante, que yo iba después. Pero en esas se metió el Ejército, se formó una plomera con bala corrida por todas partes. Había como tres guerrilleros y nosotros; cogieron a mi hermana y a dos amigos de ella, que no eran guerrilleros. Cayó ella y todavía está en la cárcel, porque mi hermana es mayor de edad, los otros dos no. Ellos decían que no eran guerrilleros, pero no les creyeron. Hace ya un año que ella está en la cárcel y yo pienso que por mi culpa está ahí. A veces siento la culpa porque no le dije la verdad, pero a veces no, porque nunca quise que mi familia se enterara de mi historia.

Yo para la guerrilla lo que hacía era que les mandaba comida, en un camión o en un carro. Les hacía mercado de bultos de comida. Un día pararon el camión y el conductor les dijo que eso lo vendía él, que iba para tal parte; pero como yo era inteligente, no les mandaba recibo ni plata ni nada, y buscaron por todas partes. Menos mal que yo dividía todo, porque sabía cómo era la vuelta; les echaba atún aparte, arroz aparte, todo aparte, en un camión distinto, y le pagaba al señor cuando volvía.

La guerrilla me mandaba la plata con el guerrillero, que era novio mío, el que me fue a buscar ese día, y cayó también. Le pegaron un tiro en una pierna, y como era mayor de edad, está todavía en la cárcel.

Llevo 10 meses acá en este hogar juvenil y ya tengo 17 años. Estoy muy contenta porque ayer me dejaron de líder del grupo. He sido líder para lo bueno y para lo malo, aunque no tengo cosas malas; puras buenas, positivas. Ahora tengo un futuro, quiero seguir adelante. Estoy dedicada a estudiar. Voy en sexto y ya voy a pasar a séptimo. Tengo la fe en Dios de que voy a salir adelante. Mi proyecto de vida es poner un restaurante, porque para la cocina soy experta. Ya sólo me faltan dos meses para salir a una casa juvenil.

4
«Esas guerrilleras son arrechas para el plomo»

Catalina es tímida. Parece inofensiva, incapaz de hacerle daño a alguien. Cuando comienza a hablar causa sorpresa: su memoria, lo que ha vivido, su tranquilidad para contar las cosas, su frescura. Cuando la conocí, su mayor preocupación era que perdía parte del aprendizaje en el colegio porque no podía ver bien. Cuatro meses después volví a encontrarla. Estaba feliz con sus gafas nuevas y seguía estudiando.

Nací hace 16 años. Cuando pequeña mis tías peleaban por llevarme a vivir con ellas, porque mi papá está muerto; yo no lo conocí, mi papá murió y me dejó encargada con mis tías. Dijeron que cuando tuviera cuatro años me llevarían a vivir con ellas. Mi mamá estuvo de acuerdo, porque soy la única hija de mi papá y mi mamá; ella tiene hijos pero con otro señor, y mi papá también dejó hijos pero en otra señora. Hasta los tres años estuve en Altanquer; de ahí me llevaron mis abuelos y después viví con mis tías en Tumaco, en Pasto y en el Putumayo.

La verdad es que de mi mamá nunca recibí un cariño, de mis tías sí. Ellas tienen de a dos hijos, hay una más que adoptó un niño y otra tía que tiene seis hijos, que ya se graduaron de la universidad. A mí no me faltaba nada con ellas. Estudié hasta cuarto y después, como a los doce años, les dije que me quería ir para donde mi mamá. A la casa llegué en 1999, pero mi mamá me rechazó, me dijo que si yo estaba bien allá por qué me había regresado, que no me quería ver en la casa. Le respondí: «No hay problema, yo tengo plata y me voy». Me metí a la casa de unas primas, les conté todo y me dijeron: «Escóndete aquí para asustarla, que ella te viene a buscar». Así fue. Ella andaba buscándome, preguntando dónde me había metido, y yo escondida. Después de eso estuve cuatro meses con mi mamá.

La familia con la que vivía en el Putumayo trabaja con el Ejército, por allá en Santa Ana. O sea, nosotros la íbamos bien con ellos; los soldados y los sargentos iban a la casa. La casa es grandota, tanto que teníamos un granero, había una discoteca y mi tía tenía un almacén. Cuando yo me fui, le metieron terror a la casa; la guerrilla dijo que se iba a meter, que iban a acabar con esa casa y con todas las casas que trabajaban con el Ejército. Una noche la guerrilla tuvo un combate con el Ejército ahí cerquita, trató de entrarse al batallón, pero no pasó nada.

Cuando vivía de nuevo con mi mamá, un día se fue a trabajar y quedé con mis cuñadas y mis hermanas, pero ellas salieron a jugar al parque y me quedé sola, cuidando la casa. Al rato timbraron, abrí la puerta y un señor jovencito me preguntó: «¿Usted es de la familia Rodríguez?». Respondí: «Sí señor», y me dijo: «Alístese que nos vamos». Y yo: «¿Para dónde?». Respondió: «Soy miliciano y me la voy a llevar para la guerrilla». Le digo: «Pero mi familia no está aquí, ellos no se van a dar cuenta, ¿cómo hago?», y me respondió: «Pues es mejor que no se den cuenta. Vámonos». Le pregunté: «Pero ¿llevo ropa?», y me dijo: «No, allá le dan lo que usted necesite». Yo le iba a dejar una nota a mi mamá y me reprendió: «No haga eso que ella no se tiene que dar cuenta de nada, ni de dónde está». Me hizo subir a una moto, nos fuimos y me advirtió: «Si el comandante le llega a preguntar si es ingresada voluntariamente, le responde que sí; donde le diga que yo la traje obligada, la mato». A mí me tocó guardar ese secreto como un año, hasta que mataron al muchacho. Él era un chino de confianza, que se conocía con mi primo; habían estado en el Ejército y como que habían chocado; se metió a la guerrilla y por eso me llevó.

Estuve dos años en la guerrilla, ahí me tuvieron bien. Llegué y me dieron la dotación, los camuflados. Al mes me entregaron un arma y me hicieron prestar guardia. Durante ese mes recibí entrenamiento militar; después sacaron una compañía que se llama Guerreros del Sindagua, integrada por 45 hombres. Estuvimos en esa compañía y la gente fue ingresando poco a poco: en cinco meses ya éramos 150. En el tiempo que estuve allá tuvimos diez combates, en uno de ellos me pegaron un tiro en una pierna. En la guerrilla se sufre, pero hay días que también se goza. La forma de sufrir allá es prestar guardia, caminar, aguantar hambre; a veces no hay nada de comida, a veces el que tiene plata compra. La plata viene de las vueltas por fuera: les quitan la plata a los ricos, la sacan de los bancos o secuestran. Con droga nunca nos metimos. A mí me llevaron por Nariño, donde llegué a conocer la coca y la amapola, pero en el frente donde yo estaba no se metían con cultivos ni con droga, porque el ELN no está de acuerdo con eso. Yo fui elena.

Hacían muchas reuniones y nos daban entrenamiento. Unos meses después de ingresar vieron que iba bien y me dieron a cargo tres hombres; tenía que responder por ellos.

A mí no me gustó y les dije, pero me contestaron que tenía que seguir y que más adelante me daban otro cargo. Conseguí entonces un novio que me aconsejaba, pues él también era mando, pero de destacamento. Duré siete meses con él, pero lo mataron en un combate que tuvimos con las FARC. Habían mandado una comisión de elenos a hacer reuniones por las veredas y las FARC los habían agarrado. Ellos los mandaron llamar dizque para hacer una reunión; estaban hablando y cuando se dieron cuenta era que los tenían arredondiados a todos, les quitaron las armas y los amarraron. Entre ellos iba un guerro que era viejito, tenía por ahí 46 años; lo miraron que estaba de edad, lo soltaron y le dijeron que se fuera para la casa, pero él se fue para el frente y nos avisó. Dijo que habían agarrado a la comisión, entonces nosotros formamos en ese momentico y sacaron 60 hombres. Nos fuimos a dejarles radios de comunicación, pistolas, plata y celulares. Llegamos a Barbacoas pero no encontramos muchos guerrilleros de las FARC, y el comandante no nos quiso recibir. Preguntamos por los muchachos y dijeron: «No, ellos no están aquí, están en un campamento en el otro lado». Nos fuimos y a lo que íbamos escuchando música, alegres, contentos, nos atacaron; a la primera camioneta le dispararon y mataron a varios. Cuando ellos dispararon nosotros nos tiramos de la camioneta y un compañero disparó, pero el comandante que iba encargado de los 60 hombres dijo que no dispararan, porque él sabía que eran los de las FARC. Pero ellos nos dispararon y mataron a ocho compañeros, dos mujeres y los demás hombres; mataron a la esposa del comandante. Los que murieron ahí todos eran mandos.

Pensamos que se habían confundido, pero después nos dimos cuenta de que no, que ellos querían pelear con nosotros; el problema comenzó con nosotros, los de allá de Nariño, y luego los demás frentes de las FARC comenzaron a pelear con los elenos. Creo que ellos lo hacían por quedarse con la zona, porque nosotros íbamos a comisionar por allá, campamentábamos por allá y a ellos no les gustó. A los compañeros que detuvieron los soltaron después; les dijeron que se fueran para la casa, pero volvieron al frente y contaron todo. Después hablaron por radio de comunicación; el comandante eleno se comunicó con el comandante de las FARC, quien dijo que eso había sido una equivocación. El eleno le respondió que si había sido equivocación, por qué habían agarrado a los muchachos. El comandante nuestro no se quedó con las ganas: le mató a cinco milicianos; él dijo que tenía que cobrar esa venganza.

Después gente de las FARC ingresó al ELN, porque no les había gustado lo que hicieron las FARC. Nosotros no volvimos a confiar en ellos; en esos tiempos las FARC minaron dos pueblos para que no entrara nadie. Minaron Llorente y Junín, sacaron a la gente del pueblo, no dejaban pasar ni un carro y no había nadie en los pueblos. Luego nos comunicamos con los demás frentes para detener esa guerra; si se estaba luchando por lo mismo, por qué se tenía que pelear. Entonces se paró un poco eso, y de la nuestra sacaron otra compañía del ELN que se llama Mártires de Barbacoas, en homenaje a los compañeros que habían muerto en combate con las FARC, porque la mayoría de los muertos eran mandos. También salió una comisión pequeña, de quince, que fue creciendo, fue avanzando con gente y ahorita está grande; esa comisión también tuvo muchos combates. A nosotros nos tocó caminar seis meses por la montaña, de Colombia al Ecuador, donde tuvimos combates con los ecuatorianos; en uno de esos mataron a un compañero y como la compañía ya había crecido, tenía 200 hombres, sacaron otra en nombre del muchacho que murió.

Las compañías van creciendo cuando van andando y van recogiendo gente que va ingresando voluntariamente. Había muchos menores de edad, aunque los comandantes no están de acuerdo y por el contrario les dicen: «Mire, esto es duro, acá se tiene que sufrir, acá dormimos así, acá se come esto». Había gente que se iba por la comida, porque era pobre, no tenía nada qué comer. A veces la familia lloraba porque ellos estaban allá y nosotros les decíamos que se devolvieran, pero ellos no querían irse. Conmigo fue distinto, porque a mí me llevaron obligada. Cuando mataron al muchacho que me llevó, ya pude estar más tranquila y volví a tener comunicación con mi mamá, pues llevaba un año sin hablar con ella.

Me habían buscado por el Putumayo, pues mi mamá pensaba que yo me había ido por lo que ella me había dicho. Llamó a todas partes, hasta a Venezuela, donde tengo una tía, y no me encontraron. Después me pude comunicar por celular, pues a mí ya me habían dado una escuadra, ya tenía diez hombres a cargo. Eso viene así: tríada, cuatríada, quintríada y de ahí sigue la escuadra de diez. Después destacamento, que son 30 hombres, y de ahí siguen las compañías, que son de 300 a 500 hombres. Mi mamá me decía que me saliera, que yo estaba corriendo peligro, y estaban asustados de que yo de pronto hubiera dicho que mi familia trabajaba con el Ejército. Le dije que no, que yo no había contado nada. Me decía que me saliera rápido de allá, pero yo no podía irme porque obligadamente me había comprometido a cumplir los tres años allá. En el ELN es así, en las FARC es para toda la vida.

Después tuvimos una marcha de ocho días para ir a Popayán. Esa marcha no fue tan larga, porque en partes íbamos caminando, en partes nos tocaba en carro. Llegamos al Cauca y nos encontramos con la compañía Jacobo Arenas, de las FARC. Ellos habían tenido mala información y pensaban que se estaba metiendo el Ejército; entonces de una se habían puesto a hacer trincheras y a preparar cilindros y bombas. La Jacobo es una compañía móvil muy entrenada, que está pendiente de todo; tienen hasta helicóptero. Habían mandado a hacer inteligencia a una muchacha y a un muchacho en una moto. Ellos se paseaban y miraban, hasta sospechoso. Nosotros decíamos: «Eso ¿qué será?», entonces los paramos y les preguntamos que quiénes eran, y ellos dijeron que eran civiles. Nosotros les dijimos que éramos del ELN. «Ah, ustedes son los compitas del ELN; yo soy guerrillero de las

FARC, de la compañía Jacobo», dijo el muchacho. Al saber de la equivocación, le preguntamos por lo que nos tenían preparado, pensando que éramos el Ejército, y él nos respondió: «Una fiesta con cilindros de 45, morteros, granadas, bombas y rockets».

Así nos empezó a contar y a partir de ahí tuvimos buena relación; el comandante fue a hablar con el otro comandante, pero nosotros no les teníamos tanta confianza. Nos tocaba ir a 150 metros de distancia entre cada guerrillero, por prevención, y anduvimos así hasta llegar a otro pueblito; caminamos desde las ocho de la mañana hasta las diez de la noche. Como cargábamos ración de campaña, descansábamos un ratico y comíamos galletas, lechera, agua o fresco; allá dan buena ración. Luego la compañía Jacobo sacó los carros que tenía encaletados y nos los prestó para irnos y buscar contacto con otro frente del ELN, porque la otra compañía, la Mártires de Barbacoas, estaba con el otro frente que se llama Camilo Cienfuegos. Pero nos encontramos fue con otro frente, también del ELN, el Lucho Buitrago, que opera en la zona. Les dijimos que necesitábamos armas, porque la compañía estaba creciendo. Nos dieron ametralladoras; ese día se recogieron como cinco RPG7, y una punto 30, una PKM, que es igual a la ametralladora que pesa como un fusil —la PKM la cargaba una muchacha de quince años—, y fusiles nuevos. Y como esa compañía era viejísima, tenía buenas armas; entonces hicimos cambio de munición por armas: a ellos les hacía falta munición y a nosotros, armas. Nosotros teníamos caletas de munición. Estábamos ya cerca de Popayán, como a dos horas. Entonces estuvimos tres meses por el Cauca.

Al regreso para Nariño nos echamos una noche en carro. Recuerdo que pasamos por un puesto de Policía como a las ocho de la noche y luego llegamos a Ricaurte; ya estábamos en Nariño. Unos compañeros se fueron por el monte, otros en carro, pasamos por el puesto de Policía y ellos se dieron cuenta pero no dispararon. Nosotros tampoco les disparamos, porque íbamos pasando; por allá en Nariño en los puestos de Policía le tienen pavor a la guerrilla: si uno no les dispara, ellos no disparan.

Después de eso me tocó pasar a un entrenamiento nuevo, de explosivos, para tropas especiales. A mí no me gustaba el explosivo, pero me tocaba hacer el curso porque era una orden, y el que tiene responsabilidad tiene que ver todo eso; y cuando uno pasa el entrenamiento, tiene que ir a dictarles entrenamiento a los que son combatientes. Estuvimos seis meses haciendo ese curso, y también hicimos uno de política en Popayán. El de tropas especiales era un curso privado, nadie podía saber qué se manejaba; era muy duro porque nos tocaba pasar descalzos por alambrados, nos hacían reptar por chuzos, colocaban explosivos y teníamos que desconectarlos; era muy peligroso. De ahí nos regresamos al campamento, y después ya seguimos combatiendo; tuvimos varios combates con el Ejército y la Policía. Luego nos campamentamos, y se llegó diciembre. Hicimos fiesta del año 2000; todos los diciembres se hacen fiestas allá, y el día de la inauguración de la guerrilla, el día que nació la guerrilla, también se hace fiesta. En esos días uno puede tomar trago porque los comandantes lo dejan, de ahí para allá no.

Pasó el tiempo y tuve otro novio. A él le dieron cargo de comandante de la compañía, y nos fuimos a campamentar por la montaña de Samaniego; el campamento era nuevo, lo estábamos comenzando. Un día mi novio me dijo: «Catalina, vamos para afuera», pero no me dijo a qué. Adelante me contó que íbamos a recoger al comandante de los frentes y a su esposa. Nos reconocimos con ella, porque hacía dos años no nos mirábamos; la cuchita, como de más de 30 años y toda buena gente, me aconsejaba. El comandante iba a ver cómo estaba la compañía, cuántos hombres tenía y cómo había crecido; iba a darles informaciones a los muchachos, traía un reglamento nuevo que mandaba el comandante Gabino; un reglamento de cómo iba a ser ahora el comportamiento y cómo se iban a dar los cargos. Estuvimos con ellos y después él mandó hacer unos retenes.

En una parte de Cumbal había un carro. Apenas nos miraron los que iban ahí, se fueron; nosotros les pitamos para que pararan, porque estaban sospechosos, y disparamos al aire, pero no quisieron detenerse. Después de media hora de corretiarlos pararon en un pueblito y les preguntamos que por qué no se habían detenido con los tiros, que por qué nos habían hecho gastar munición. Ellos dijeron que no habían escuchado, porque iban borrachos. Sí estaban borrachos, pero ¡cómo no iban a escuchar los tiros! Les quitamos el carro y les dijimos que nos lo íbamos a llevar para que se fueran unos compañeros. Se pusieron bravos, que no, que ahora nos metían el Ejército. Mi novio les dijo que lo mandaran, que nosotros estábamos ahí para pelear y no para pasarla chévere, así les dijo, y que el carro se lo devolveríamos en cinco días. Ellos dijeron que sí, pero que no se iban a quedar con eso. «Mándenos el Ejército», les dijo él. Y así fue.

Al otro día mandaron una avanzada para un filo donde estaban unos muchachos nuestros, pero ellos petetiaban con el radio y no les salía. No podían comunicarse porque mi novio había cambiado la frecuencia. En esas llegó al campamento un señor, un compita, y me preguntó: «¿Dónde está el comandante?», le dije: «¿Por qué?», y me respondió:

«Porque lo necesito para una razón». «Yo también soy encargada», le contesté. «Lo que pasa es que por allá está el Ejército, están peleando», me contó. Nosotros acomodamos de una la remesa en los camiones, en los carros; subimos los radios de comunicación y todo. Yo le dije a una compañera: «Constanza, métale ese tiro al fusil que uno no sabe, de pronto por allá abajo nos pueden agarrar en emboscada». Así arrancamos y dijo mi novio: «Catalina, cuidado por los filos, mi niña; écheles ojo a los filos». Le respondí: «Sí, señor». Yo llevaba el celular de él, el radio de comunicación y el fusil. Nosotros íbamos de civil, o sea, íbamos con la camisa verde pero las otras muchachas que estaban encima del volco, encima de la remesa, iban con ruanas. Al que iba adelante, en la vanguardia, lo paró el Ejército. Él iba en una moto; lo requisaron, y ya iba a arrancar cuando llegamos nosotros. A lo que llegamos detuvieron al muchacho, porque el soldado se quedó viéndonos asustado. No disparó, pero nosotros sí. Agarré el freno de mano de la camioneta y lo jalé, porque mi novio también quedó asustado, y salí a correr disparando. Nos atrincheramos detrás de la camioneta, pero las otras chinas no se podían sacar las ruanas ni podían bajar el fusil. Unos compañeros agarraron derecho por la carretera y nosotros cogimos por la montaña. Había un alambrado, vi que mi novio se tiró por ahí y lo seguí. Uno en el combate es capaz de tirarse por cualquier parte; nos tiramos y me tocó ir a respaldar a las muchachas y él a los muchachos. A los otros muchachos que agarraron por la carretera les fue mal; a unos los hirieron y a otros los mataron. Hubo uno que no alcanzó a salir de la camioneta y a lo que iba a sacar una granada se le explotó y le voló todo. A una muchacha le pegaron dos tiros y a otra china le dieron un tiro en la mano y un tiro en la espalda; al chino que iba en la moto le pegaron un tiro en el ojo, un tiro explosivo, y le quedó el huecote. Corrimos y bajamos por una montaña, y como eso estaba quemado, mi novio me decía: «Mi niña, hágale que ahorita nos mandan un granadazo y quedamos tiesos». «Pero ¡cómo quiere que baje rodando si el portafusil se me enredó!», le contesté. Entonces le saqué la correa al portafusil y me quedé disparando. Al rato le dije a la compañera que iba cubriendo que me esperara, porque tenía que pasar un charco; brinqué, y cuando me di cuenta, alrededor mío ya no había nadie; mis compañeros ya habían subido al filo. Les gritaba por sus nombres y no me contestaba nadie. Escuchaba que ellos disparaban desde arriba y me fui caminando. Los soldados me dispararon mucho y yo también les disparé, pero al fin salí a un potrero donde se miraba todo. Hice como si no fuera conmigo, escuchaba los disparos pero me senté fresquera y como yo no vi a nadie al lado mío, me peiné, porque el pelo se me había enredado mucho; como tenía un gancho, una mariposa, me comencé a peinar. Tomé agua de la pimpina, como si no pasara nada, como si no fuera conmigo. Cogí aire y dije: «¿Será que soy capaz de correr hasta ese filo? Tengo que ser capaz, voy a agarrar en zigzag». Salí corriendo, pero los soldados me vieron y me encendieron con la ametralladora. Lo único que hice fue tirarme al piso. Los demás compañeros ya se habían ido por la carretera.

Cuando los miré iban lejos, como a seis curvas, y yo estaba en pleno combate. Me hice la muerta, me quedé como un minuto tendida. Luego levanté una pierna, levanté la otra y salí corriendo, y como había una casa al frente mío y al otro lado quedaba la carretera, me metí por esa casa y me cubrí con las paredes. Dejaron de disparar. Me tiré por un lavadero, de vuelta me dispararon, me tiré a la carretera y miré la camioneta que estaba voltiada y me puse a pensar:

«¿Boto el radio de comunicación? No. ¿Echo esta granada a la camioneta? No, tampoco». Cargaba una puñaleta en el chaleco y dije: «¿Le corto la manguera y le meto la granada para que se queme eso? Tampoco», y me fui caminando. De pronto me di cuenta de que venían detrás de mí, alcé el arma y les mandé un rafagazo. Ellos respondieron. Mi novio estaba en una loma —supe que era él porque el fusil se le quedó en la camioneta y quedó con la pistola—, y comenzó a disparar mientras yo me escondía. A mi novio se le acabaron los tiros y los soldados me corretiaron, y yo corra por esa carretera, y qué solazo. Eran como las ocho de la mañana, y corra por esa carretera y dispare. Me atrincheré detrás de un tronco y ellos me dispararon. Después comencé a llenar el proveedor de la munición. Tenía balas pero las que llevaba en los tres proveedores ya se me habían acabado. Comencé a correr en zigzag otra vez, media hora me corretiaron y hasta unos soldados se regresaron porque no aguantaron; al final se quedaron diez persiguiéndome, y yo corría, los dejaba en una curva y seguía caminando como si no fuera conmigo, y los miraba y prendía la carrera otra vez, hasta que en dos curvas los dejé. En una loma yo dije: «Señor, ayúdame, que no me maten; ¿por dónde me tiro?». Había una ramada pero se notaba si uno se tiraba por ella. Miré el filo, donde teníamos caletas de armas, y me pregunté: «¿Y si me subo por esa loma se notarán los rastros?». Agarré impulso, me tiré por una loma muy alta y al caer me golpié feo. Los soldados llegaron hasta esa parte y dijo uno: «Esas guerrilleras son arrechas para el plomo»; yo estaba cerca de ellos, escuchándolos. Comenzaron a disparar al aire para ver si yo les contestaba otra vez. Me reí y me acordé del entrenamiento que había tenido, y como llevaba un alicate en el chaleco, comencé a quebrar los montes con él, como si fuera pájaro: ta, ta, ta. Me eché toda la mañana y toda la tarde hasta las cinco, y no era una loma larga sino cortica.

Así bajaba despacito. Ellos ya se habían ido, pero seguí despacito. Bajé y coloqué el fusil con cuidado, pero como se me había trabado, se había encasquillado, se le subió el cerrojo. Se me enfrió la sangre y después ya le monté tiro al fusil, suavecito. Bajé por una quebrada, encontré un palo que tenía un hueco y dije: «Aquí me voy a quedar dormida hasta el amanecer». Pero después pensé que no. Eran como las doce. Subí la montaña, despacito —era una montaña recién quemada que tenía unos palos cruzados—, reptando, arrastrada; me eché hasta las cinco, y después salí. Había unas cabuyas con chuzos, pero con tal de salir de ese monte a mí no me importaba. Me chucé, pasé un alambrado, estuve en la carretera pero no podía ubicar cuál carretera era. Encontré rastros y me fui por un filo, con cuidado, iba bien pilosa. Caminé hasta las seis y media, cuando me di cuenta de que había un pelotón por allá arriba. Pensé que eran mis compañeros y como había uno con ruana encima, dije: «Ese es Pablo». Le iba a gritar, pero no, pensé. Alcé la mano para llamarlos y estaba en esas cuando me di cuenta de que eran soldados; lo supe porque no se mostraron contentos de que yo saliera. Dije: «Me entrego y descanso, porque ya no puedo más».

Seguí caminando y bajó un soldado que me preguntó, aún de lejos: «¿Se va a entregar?». Le respondí: «Sí, me voy a entregar». «Chévere», respondió. Me quité el fusil, lo entregué y llamaron al comandante. «Aquí hay una —¿cómo nos dicen ellos?— bandolera que se entregó». Me bajó, me atendieron, me dieron gaseosa, agua y galletas. Yo no les comía nada porque iba muy cansada. Lo único que hice fue sentarme, quedarme ahí como muerta.

No sabía si me iban a matar. Un soldado que ya había pasado escuelas —los demás eran rasos—, me dijo: «¿A usted no le da miedo que la matemos?». Le contesté que no. «Todos nacimos para morir», le dije. Comentaron: «Como arrecha la vieja, ¿no?», y otro dijo: «Si hubiera estado en el momentico en que usted se entregó, la habría pelado». Le respondí: «Si usted me hubiera matado, usted también moría a plomo». Llegó el comandante y le dijo: «Usted cállese y se me va».

Estuve conversando con el comandante, se quedaron los que estaban en esa escuadra y todos se peleaban por tomarse una foto conmigo, para tener recuerdo de La Chiqui; así me pusieron. Trajeron la cámara y me pasaron la ametralladora que tenían, que estaba cargada; y un soldado dice: «Quítenle las cananas que ahorita nos rafaguea». Le respondí: «Qué los voy a rafaguiar, una mujer contra todo un pelotón... Ni porque fuera Rambo».

Los que estaban allá eran casi todos negros, había apenas cinco blanquitos; entonces trajeron a unos señores que se encargaban de anotar la información. Me preguntaron que cuántos años tenía, les dije que quince; que cuánto tiempo había estado por ahí, les dije que tenía diez meses apenas; y que si tenía cargo, les dije que no; y qué cómo me habían llevado, les dije la verdad. Ahí había soldados que me conocían. Uno me dijo: «¿Por qué nos traicionó?». «Yo no los traicioné —le respondí—, a mí me llevaron obligada. Si quiere hable con mi primo; algún día se lo va a encontrar y le va a decir que a mí me llevaron». Me preguntaron que para dónde habíamos mandado la comisión, les dije que yo no sabía. Después me llevaron rumbo al batallón. Yo iba entre muchos soldados y me imaginaba que ellos eran los que habían matado a mis compañeros en el combate; se durmieron y yo iba despierta. Pensé: «Si me duermo, aquí me bajan y me matan». Todos se durmieron y dejaron los fusiles tirados por ahí. Pero venían seis camiones de Ejército atrás y adelante iban cuatro.

Creo que los muchachos a los que nosotros les quitamos la camioneta eran soldados. En ese tiempo, al campamento donde nosotros estábamos, iban unos muchachos que no eran del pueblo; en el batallón llegué a ver uno. Me le quedé viendo con cara de brava. «A éste lo conozco», dije para mí. Me atendieron bien, para qué. Dormí en una oficina y me tuvieron cuatro días en el batallón. Después me iban a mandar por ocho días al Santo Ángel, una institución donde había niños drogadictos, hasta que me ubicaran bien. Mientras tanto mi familia me iba a visitar. Como mi hermana vive detrás del batallón, ella me iba a ver. Me llevó ropa, cosas que a mí me hacían falta; me trajo hasta unas cremas porque al tirarme por un piedrero se me había roto el camuflado y me había raspado las piernas, la cola, los brazos, todo. Los soldados estaban amañados conmigo, recochábamos cada rato; yo la pasaba chévere en ese batallón. No me quería ir a esa institución con gente drogadicta, qué pereza.

Allá me recibió una señora que me dio moral y me motivó a quedarme ocho días. Me aconsejó: «Usted no les diga que está porque es guerrillera; nada de eso; dígales que está por hurto, por nada más». Mi mamá me había mandado una cadena de oro, pero la monjita me dijo: «Déjela aquí, porque a la que llega le quitan todo». Me quedé solo con una cadena de esas que venden por ahí, que había comprado en 5.000 pesos, y un Che Guevara que me habían mandado del Cauca. La primera pelada que me encontré me dijo: «Vos ¿por qué estás aquí?». Le dije: «Por hurto», pero solté la risa. Y ella: «¿Por qué te reís?». Y yo: «Por nada, me acordé de algo que me pasó el día que me robé el televisor». Pero ella ya estaba sospechando algo, incluso me preguntó que por qué no hablaba como ellas. Allá se hablaban de pirobas y se trataban muy duro. Yo lloraba, porque nunca había recibido ese trato tan feo. En la guerrilla se tratan de primos, colegas, compas, camaradas, cuñados, y no se escuchan palabras groseras sino en los combates.

Me daba cuenta de que a ellas les tiraban la droga por encima, por el patio, pero las monjas no sabían. Ellas las encerraban y las peladas comenzaban a meter en los baños. Y yo con miedo decía: «Ahorita cogen y me meten un puñalazo». Yo les decía a las monjitas que no me amañaba, y ellas me respondían que preferían tenerme a mí y que las otras muchachas se fueran. Yo me ponía a leer unos libros que ellas me prestaban y la pasaba chévere.

Un día se me salió el Che Guevara y una china lo vio y me dijo: «¡Ah, vos sos guerrillera, porque no más los guerrilleros cargan eso!». Le dije: «Qué va, por allá en donde vivo la mayoría carga esto. Yo no sabía que era el Che Guevara». Pero se quedó viéndome y me dijo: «Vos sos guerrillera, vos fuiste la que salió en el noticiero; vos sos la misma, vos saliste de espalda». Eso era cierto, pero se lo negué y se calmó. Hasta que un día ya me fueron a llevar. Salí a las cinco de la mañana, pero las muchachas no se dieron cuenta porque las monjitas las dejan encerradas con llave en la noche.

Durante ese tiempo todo el mundo estaba pendiente de mí. Me llamaban del batallón a ver cómo estaba; la juez me llamaba, la defensora de familia me llamaba a cada rato; que cómo estaba, decían; que si estaba aburrida. Les contestaba que quería irme rápido, y ellos que tranquila, que ya iban a comprar los vuelos. Lloraron en el aeropuerto cuando me fui, eso fue en septiembre, el 9 de septiembre, en ese tiempo pasó lo de las torres allá en los Estados Unidos. A mí me dijeron en el batallón que me iban a dar estudio, que me iban a ayudar. Me subieron al avión, y a las muchachas que iban repartiendo —¿cómo es que se llaman?— a las azafatas, a ellas les dijeron quién era yo, les entregaron los papeles y les advirtieron que me pusieran cuidado. Viajé con ellas y ellas me hacían conversa, me miraban y se reían, y entre ellas conversaban; decían que yo era guerrillera, y yo me les reía; me atendieron bien. Llegamos a Cali y después pasamos a Bogotá. Ingresé a una institución y he estado ya en varias casas. En la actual llevo ocho meses, desde diciembre. Por acá estoy bien, pero me pongo a pensar en el día en que me manden para la casa, porque yo no me quiero ir para donde mi familia. Quiero vivir acá, por cuenta de mi familia. Tampoco quiero vivir en las casas juveniles. Lo que quiero ser en la vida es cantante, es lo que más anhelo. Ahora estudio en el colegio y me va bien. Quisiera quedarme viviendo por cuenta mía, pero el problema que tengo ahora es que estoy enferma; a veces en el colegio tengo que sentarme en la primera silla, porque estoy mal de la vista. A veces tengo que acercarme al tablero más que mis compañeros, porque no alcanzo a ver de lejos. En la guerrilla me llevaron a exámenes y me iban a comprar las gafas; el comandante me dijo, chistiando: «Le voy a comprar las gafas, pero se queda por otro tiempo aquí». Mi novio me dijo, entonces: «Dígale que no se las compre, que yo se las voy a comprar». En la casa anterior también me las iban a comprar, pero me trasladaron. Y acá espero que por fin lleguen. Ahora también estoy haciendo curso de panadería y otro de computación en el SENA. El de computación me gusta mucho. Al principio éramos varios los que íbamos, pero ahora somos pocos. Me gusta aprovecharlo.

Catalina
quince años después:

«Planeamos hacernos embarazar para poder salir»

La vuelvo a encontrar gracias a los buenos oficios de Marina Valencia, quien hace quince años lideraba el programa especial de creación para los niños desvinculados del conflicto. Hablamos por teléfono, nos conectamos por Facebook y finalmente hacemos la entrevista. Catalina tiene 29 años; es una narradora impresionante. Le pregunto por lo que ha pasado en estos años, comienza a hablar y no se detiene; la interrumpo sólo para precisar detalles. Aquello de que la realidad supera a la imaginación se aplica muy bien en sus historias de vida.

A ver le cuento. Después de la última entrevista que tuvimos para el libro, hubo otros tipos de procesos. Al cumplir los dieciocho años de edad, varios de los que estábamos en el hogar pasamos a una casa juvenil en Bogotá, por un lapso de un año. Seguí estudiando en Bogotá y estuve allí otros tres años. Terminé de estudiar bachillerato, luego bajé de vacaciones a Nariño. Eso fue en el 2006, pero hubo algunas dificultades. Andaba por un pueblo cuando una noche entran los paramilitares y nos sacan al parque, incluyendo niños y ancianos. Ellos traían un listado, y en el momento en que empezaron a llamar listado, alguien llamó y les dieron la orden de que no hicieran masacre ahí en el pueblo. Nos salvamos. A los dos días tuvimos que desplazarnos, así que yo no podía dejar a mi familia ahí botada y volverme a Bogotá. Entonces, con un hermano decidimos ir a la finca de la familia, aunque yo no quería mucho ir. Ya había olvidado toda la situación que había pasado antes, más sin embargo las cosas que siguen pasando empiezan a incidir. Cerca de la finca, por detrás de una quebrada estaba ubicada una comisión del ELN, y uno de ellos me reconoció. Mi hermano hizo lo posible para que no me llevaran, pero ellos reportaron que me habían encontrado, y la orden que les dieron fue que me tenían que llevar nuevamente. Me tuvieron como por tres años, aunque la orden era llevarme al campamento y matarme... En el momento en que me entregué, cuando era menor de edad, cargaba todo el armamento, los pertrechos, el fusil, toda la dotación. Al encontrar una persona que es desertora de un grupo, la orden es reportarla y matarla.

Caminamos como dos días y luego nos transportaron en carro; a mí me mantenían la cara tapada. Luego caminamos como ocho horas hasta llegar a un pueblo. Caminamos de nuevo a la montaña y me entregaron a un campamento donde estaba el señor, el comandante de todos. Había otra niña en la misma situación. Era un campamento debajo de la tierra; toda la gente estaba debajo de la tierra; había más de cien personas. Allí mismo había cárceles, ahí me metieron a mí y a la otra niña que tenían. Ella era menor de edad, la tenían ahí porque su hermana se había ido, y como no pudieron agarrar a la hermana, entonces se quedaron con ella, con Yésica. Ahí nos tuvieron como tres meses; no podíamos salir, sólo podíamos tomar el sol cuando nos sacaban a bañar. Había alambres de púas alrededor. Pero Dios nunca desampara a nadie. Uno de los señores que estaban ahí nos prestaba libros para leer, nos hacía conversa, se le contó de lo que había aprendido en Bogotá y Bucaramanga. Él nos dijo que la orden que había dado el jefe era matarnos, pero que, afortunadamente, alguien intercedió; no se quién, no se cómo arreglaron. El señor que nos estaba cuidando nos dijo que no nos preocupáramos, que no nos iba a pasar nada. Que nos tranquilizáramos. Que no nos iban a mandar para la casa pero que íbamos a estar ahí como cualquiera de los demás muchachos. En el lapso de tres meses nos mandan a llamar a otro lugar. Vamos, hablamos de los errores, de lo mío y de lo de la hermana de ella y cómo teníamos que pagar. Que ellos no querían eso pero que les tocaba hacerlo porque era el reglamento. La orden era que nos teníamos que quedar allá con ellos. Nos pasan entonces uniformes, pero no armas y me sancionaron por dos años cocinando… Ganas de volarse había, pero no se podía; eso estaba muy asegurado, y siempre ponían a una persona a estar con uno. Ya teníamos una advertencia, así que era mejor aguantarse ahí y buscar otra alternativa.

En ese tiempo necesitaban personas para que les manejaran los computadores, entonces me preguntaron por lo que sabía hacer. Les comenté, y de cocinar me llevaron a manejar computadores, y a manejar un programa, más sin embargo me sentía apretada, mal, porque en cada momento era vigilada. Luego me mandaron a dar una capacitación para que algunas muchachas aprendieran a manejar computadores. Hice el taller, aprendieron; no eran muchas las muchachas; eras unas seis, y a ellas después las distribuyeron en diferentes comisiones. Luego, como había muchachos que no sabían leer, me mandaron a enseñarles. Eran bastantes, porque la mayoría de los que entran allá son gente pobre, que nunca ha cogido un lapicero, un cuaderno, que nunca ha pisado una escuela. Les enseñé a leer. Con la otra niña nos volvimos a encontrar cuando unieron los frentes; nos hicimos muy buenas amigas y ya fuimos mirando otras maneras de hacer las cosas. Luego se nos ocurrió algo loco, planeado por las dos, con más tranquilidad. Suponíamos que nos tenían confianza, por todo el rollo de haberles enseñado a las niñas a manejar computadores. A ella y a mí nos tenía al lado del señor, del jefe. Nosotras hacíamos las cosas bien y poco a poco nos fuimos ganando la confianza de uno de esos señores. Un señor empezó a enamorarla a ella, y la estrategia que utilizamos fue esa: «Tu te metes con él y yo miro por acá por otro lado». La idea era no enamorarse, pero ella salió enamorándose de él. Yo le recordé: «Pilas, que estamos haciendo esto es para salir de acá». Pero cuando la persona se enamora ya no entiende. Ahí ya nos empezaron a soltar radios de comunicación para hacer los contactos con los demás frentes, a manejar frecuencias, a hacer otros tipo de cosas. Nosotras ya estábamos tranquilas, pero un día nos dijeron: «¿Ustedes qué creen? ¿Que porque están cerca de nosotros les tenemos confianza? No, las tenemos cerca precisamente porque no confiamos en ustedes». Ahí cambió el panorama.

Yo quedé en embarazo, como habíamos planeado con mi compañera; hacernos embarazar para poder salir, porque esa estrategia les había funcionado a algunas otras niñas que habían dejado salir. La idea era no hacernos notar, más sin embargo a mi me dio muy duro el embarazo en los primeros meses, entonces se dieron cuenta y la orden fue: «Tiene que abortar». A mi compañera le pasó lo mismo. Un médico llega allá, le enseña a alguien y esa persona empieza a hacer esas prácticas con las personas. Fue muy duro. No me mataron ellos pero ya me iban a matar a punta de esos medicamentos. Yo no estaba de acuerdo con abortar, pero no esperaba que me fuera a dar tan duro el embarazo, El que nos hizo el aborto fue un señor que mandaron a llamar, porque en ese momento no estaba la chica de ellos que se encargaba de esto, que sabía hacerlo, porque la mandaron a otra comisión. Mandaron entonces a traer a otra persona. No éramos solamente la otra niña y yo; éramos varias que habían recogido de los diferentes comandos, para hacernos abortar. Nos dijeron que si queríamos tener un hijo teníamos que pedir permiso. Luego ya pasó un año.

Seguíamos con las mismas parejas. Tocaba. Porque si nosotras tratábamos de separarnos de ellos, igual no nos iban a sacar para ningún pueblo, no nos iban a mandar para una carretera o un lugar donde hubiera vía para podernos escapar. Nunca iba a pasar eso. La única manera de estar así como aseguradas era así.

Cambiábamos de campamento, pero igual, nunca veíamos un carro, nunca pasábamos por una carretera. Era siempre monte espeso. Una región muy amplia en vegetación, muy rica en diversidad. Era algo que estaba a favor de ellos, que podían hacer campamentos en cualquier lugar. En ese tiempo que nos hicieron el aborto nos cambiaron de campamento, porque había sospecha de que el señor que había entrado fuera del Ejército. Nos pasaron a otro lugar; luego, por cosas de la vida, ese señor llegó de nuevo a ese campamento, accidentalmente, a hablar con el jefe, quien se aterró pues no sabía como había llegado tan directamente, si nadie lo había mandado a llamar.

En ese campamento había como unas 400 personas. Cada comando está dividido por escuadras, bien retiradas. En un comando habíamos diez personas, yo estaba al lado del señor, del jefe, del hijo de él y había otros muchachos.

Supuestamente eran de confianza de él. Pasaron los días y hubo una alerta de que iban a bombardear ese sitio. Días antes me enfermé, me dio amigdalitis, estuve en la cama como por cinco días; no podía hablar ni comer alimentos ni nada. La compañera me dijo: «Venga, vamos, yo le ayudo a acomodar los morrales». No podía casi caminar, no tenía defensas, mi cuerpo se sentía frio. Salimos de ese sitio y todos los comandos se dividieron para diferentes lugares. En ese momento había también un enfrentamiento entre las FARC y el ELN; estaban peleando las dos guerrillas. La caminada me debilitó más, pero me dieron otros medicamentos y la compañera me ayudó a bañar. Mandaron a dos muchachos a conseguir otro sitio donde campamentar. Nos trasladamos y desde ese lugar el señor dirigía la tropa de combate, la que estaba peleando con las FARC. Al otro día de que salimos del campamento donde estaba enferma, bombardearon. Afortunadamente nos libramos, porque el sitio donde más bombardearon era donde estaba el jefe, donde estábamos nosotros. Eso fue por allá en el año 2007 o 2008.

Fruto de esa captura tengo una nena de siete años. Le cuento. En el otro campamento pedimos permiso para tener un hijo, pero no nos lo quisieron dar... Tuve que ocultar el embarazo, me dieron las mismas reacciones, traté de ocultarlas y afortunadamente la compañera me colaboró bastante, aunque ella me decía que no quería que yo me fuera. Yo le decía: «Haga lo mismo y nos vamos juntas». Hay que ocultarse los primeros meses, porque después de los cuatro meses ya no se puede abortar, no dejan. Aunque en ocasiones pasan otras cosas terribles, terribles, que no quiero recordar; me dan lástima algunos casos que yo miré. Afortunadamente pude ocultar el embarazo, y ya no pudieron hacer nada. La pareja que yo tenía se dio cuenta, me ayudó bastante también. Me dijo: «No, como sea, esta vez no». Entonces me defendió; era la misma pareja que tenía cuando quedé embarazada antes. A él le dijeron que estaba desperdiciando oportunidades: «Usted está perdiendo las posibilidades de ascender, de tener otro cargo». Lo ponían a dudar. Entonces le dije que si le importaba más tener otro cargo o ver a un niño correr por las calles... Él reaccionó y dijo que prefería el hijo. Luego nos cambiamos de sitio. En esos días había enfrentamientos entre el Ejército y el grupo. La zona estaba caliente, como se dice. Estábamos en una casa con otros compañeros, pasó un helicóptero y a mí se me ocurre alzar la mano. Fue un impulso. Y una compañera se dio cuenta y dijeron que yo había llamado al helicóptero para entregar a la gente. Pero yo no lo hice con esa intención; era un momento en que estábamos recochando y me dio por alzar la mano. A los días me encontré con (quien iba a ser) el papá de la niña y me dijo que habían reportado lo que yo había hecho, pero que él me creía, y me dijo: «Fresca, yo ya hablé con el cucho y no va a pasar nada, pero tenga más cuidado con las cosas que hace».

Ya iba para los nueve meses de embarazo. El papá de la niña se encargó de todas las cosas, me mandó a la casa de una señora, él le pagó, la señora tenía una hija que era enfermera y partera a la vez. Más sin embargo a mí me daba desconfianza no poder tener a mi hija en un hospital. La tuve allá en la montaña. Cuando me dieron los dolores la señora estaba asustada, se puso nerviosa, pero la hija, la enfermera, me dijo: «No se preocupe que yo he recibido seis niños, que ya son grandes». Yo no dejaba de desconfiar, pues era mi primera vez, y en lo del aborto estuve a punto de morir por las pastillas que nos dieron a consumir para abortar. Entonces había ese tipo de desconfianza. Y me daba temor no tener un hospital, porque pueden pasar cualquier tipo de cosas; a mí me había dado preeclampsia, y se corría el riesgo de perder la vida del niño, tanto como la de la madre. Y no me quedaba ningún tipo de zapatos, ni botas, no me quedaba bien nada. Afortunadamente esa señora era muy buena enfermera, muy buena partera. La niña nació bien y las cosas empezaron a cambiar un poco. La señora me cuidó bastante, me tuvo 48 días, que fue el tiempo de la dieta. El papá de la niña me colaboró mucho en la dieta, estuvo conmigo... O sea, no estuvo ahí cuidándome todo el tiempo, pero si estuvo pendiente de la comida, de los remedios, del cuidado.

Cumplido el mes y medio me llaman: «Salga de ahí que el Ejército va para allá». Me habían dejado una niña que me acompañara. No me tocó hacer más nada que empacar y cargarme una maleta (un morral) atrás, una encima y la niña adelante. La compañera me ayudó con las otras cosas, pues iba pesadísima; pero en ese momento, del susto, no sentía el peso, no sentía ni qué parte iba pisando. Llegamos abajo, donde nos estaban esperando. Me contaron que uno de los guerrilleros muertos en los combates era el compañero de la niña que me estaba acompañando, pero no le contamos todavía a ella. Ya más abajo a ella le entregan un celular, la llaman y le cuentan; me dio pena porque ella supo que yo ya sabía. Llegamos a un caserío donde había más guerrilla y ya pude descargar las cosas. Cuando tenía seis meses de nacida, la niña se me enfermó; estábamos en una casa, en un caserío. Le empiezan a salir salpullidos por todo el cuerpo. Afortunadamente por allá estaba el papá de ella; pensé que era la oportunidad de salir, pero no me dejaron. Me dijeron que mandara la niña donde mi familia, así que una señora que trabaja con ellos me sacó la niña del caserío. Yo llamé a mi casa y ella se la entregó a mis hermanas. Estuvo con mis hermanas tres meses; ellas se enamoraron de la niña y hasta me dijeron que se las regalara. Luego me la fueron a dejar. Yo les hablé a los guerrilleros de que ya estaba cansada y que tenía que dedicarme a cuidar a la niña. La abuela de la niña también fue a visitarla, así que aproveché y mandé a la niña otra vez a donde mis hermanas. Yo ya conocía un poco el terreno, aproveché que en esos días no había mucha seguridad por parte de ellos, hice una llamada a mi familia y salí. Me sentía rara. Era bueno, pero era horrible. Estaba confundida, sentía que me estaban mirando. Tres años sin ver una carretera, sin mirar un pueblo. Se sentía extraño. Luego llegué al desembarco y me estaba esperando mi padrastro. Le dije: «Vámonos, vamos rápido de aquí porque seguro ya se dieron cuenta y me vienen a buscar». Contratamos ese mismo día un carro y salimos; afortunadamente no nos pasó nada en la vía. Al llegar al pueblo, yo tenía miedo, temor. Más sin embargo las cosas comenzaron a cambiar, reencontré a la niña y estuve en mi casa. Pero estuve escondida varios meses porque supe que me andaban buscando. En el pueblo tuve conocimiento de que había un resguardo indígena de mi comunidad, los awá. Fui, hablé con el resguardo, les comenté lo que había pasado, me dieron el apoyo y me sentí protegida.

Me dediqué a criar a mi niña como era. Pasaron los años, comencé a trabajar, la niña tuvo un hogar. Me hice totalmente responsable de ella. Las cosas han cambiado. Estudié, me ha ido muy bien… Afortunadamente, Dios me ha ayudado… Y eso es todo lo que ha pasado.

Bueno, la otra chica, Yésica, también hizo lo mismo. Se retiró. Está en la casa de ella. Tiene también una niña. Pero hace tres años no sé de ella. Sé que la familia le hizo un buen recibimiento, incluso le pagaron misa. La otra hermana, por la que se la llevaron, está bien. Traté de dejar la comunicación con ella porque siempre que nos encontrábamos era volver a hablar de lo mismo y lo mismo. De lo que había pasado. Y yo ya no quería.

Yo he tratado de estar alejada de todo eso. Quiero volver a ser como antes. Varias veces me buscaron. Hasta hace poco recibí amenazas, por lo de la niña. Me dicen que la niña pertenece a ellos. Pero yo he tratado de dedicarme a la niña y a mi trabajo.

5

«La orden era que tocaba picar a la gente»

Roberto es un joven grande, acuerpado. Habla casi en voz baja, tiene una excelente memoria y es un buen narrador. El suyo es de los testimonios más fuertes y desgarradores. Bajó al infierno y está de nuevo en la Tierra. O el infierno está aquí, a la vuelta de la esquina, y no nos damos cuenta.

Desde chiquito, como a los ocho años, empecé a agarrar malos pasos, a coger la calle y a robarme cosas. Me pusieron en un colegio pero permanecía más afuera que adentro; casi no estudiaba y me maltrataban, hasta cuando me fui del todo para la calle, con nueve amigos. Con ellos empecé a chupar gasolina y después bóxer. Tenía nueve años y era el más pequeño de todos. Robábamos, aunque yo casi no participé en eso. Dormíamos en la calle, en cajas de cartón grandes; ahí nos metíamos y pasábamos la noche como si estuviéramos en una cama. Acompañaba a los amigos para dondequiera que iban, y me ganaba para la comida, por ejemplo, cargándoles las maletas a los pasajeros de los buses que llegaban. Después me iba casi todo el día a bañarme en una represa; si tenía plata comía pan y gaseosa, y si no, pues no.

No volví donde la familia porque cada vez que llegaba me daban severa muenda. Me pegaban con cables o con lo que encontraran por delante. Les cogí más miedo desde una vez que me colgaron. Yo estaba en la calle, me los encontré y me dijeron que me fuera para la casa, que no me iban a hacer nada. Llegué y, como estaba cansado, me cogió el sueño; cuando sentí era que me estaban amarrando las manos, me colgaron de una viga y me tuvieron diez minutos. Eso fue una tortura. Cuando ya crecí —llegué a los diez años—, me fui con mi madrina y estuve con ella un año; nos fuimos para Puerto Lleras, Meta, zona cocalera y zona guerrillera. Allá aprendí a trabajar en el campo. Ella me pegaba, pero ya con razón, cuando hacía las vainas que no debía; me reprendía como cualquier señora con sus hijos. En cambio, con mi mamá y mi padrastro me mamaba tres o cuatro muendas en un día.

Soy de Villanueva, Casanare, y tengo 17 años. En la familia somos cinco hijos: dos mujeres y tres hombres. Cuando les sale, mi mamá trabaja como ama de casa y mi padrastro en la construcción. A mi papá no lo distingo, nunca lo conocí. Mis hermanos son todos hijos de mi padrastro, yo soy el único que no.

La primera vez que vi a un grupo de paramilitares armados fue cuando estábamos con mi madrina sembrando plátano, colinos de plátano, y llegó el grupo a la casa. Yo no sabía qué hacer: si correr, quedarme quieto o esconderme. La reacción fue quedarme quieto, del miedo; siempre veía por las noticias que llegaban a una casa y mataban. Un muchacho de ellos era amigo de mi madrina; entramos en contacto y me quedaron como gustando. Miraba las armas, las cogía. En ese tiempo tenía doce años. Ellos se fueron.

Pasó un año y me devolví para mi pueblo, donde mi familia, pero me tocaba muy duro. Trabajaba de lunes a viernes en el palmar, en las palmas de aceite, y sábado y domingo en la plaza. Casi no descansaba y no me trataban bien. Me echaban de la casa a cada rato y me empezaron a cobrar la comida: 2.000 pesos diarios de alimentación. Y como no me quedaba tiempo para lavar, mi mamá me cobraba también la lavada de la ropa; pagaba 55.000 pesos quincenales y me ganaba solamente $70.000 trabajando. Casi no me quedaba nada, y me tocaba comprar mi ropa y las sábanas. Para dormir enterré cuatro palos en una pieza desocupada que había; atravesé unas tablas y puse siete costales: ahí dormía, mientras que mis hermanos sí dormían en *full* cama. Yo era el malo del paseo; la ropa que tenía era vieja y rota. Los domingos me iba como a la una de la mañana para el matadero a ver qué podía coger regalado por allá. Hasta cuando cumplí los catorce años: me encontré con unos manes del grupo paramilitar y les pedí que me llevaran. Al principio dijeron que sí, pero después no me querían llevar porque yo era muy pequeño; que no aguantaba con un equipo, decían. Insistí y a lo último aceptaron. Me invitaron a quedarme donde ellos dormían, que era en un putiadero, donde habían conseguido unas peladas, pero a mí me dio vaina, así que me fui para la casa y al otro día volví. Yo todavía no había estado con mujeres.

Al llegar al otro día —quedamos de encontrarnos a las diez— ellos ya se habían ido. Me fui corriendo y los alcancé cuando iban a coger la buseta, entonces me preguntaron que si ya había desayunado. Les contesté que no —ya iban a ser las once—, así que me dijeron que fuera a desayunar, que ellos me esperaban. Ya no les creí. Hice como que cogía para abajo pero cogí hacia arriba y vi que pararon una buseta y se subieron. Cuando pasaron por el frente paré la buseta, los miré y les dije: «¿Qué pasa? Me llevan ¿o qué?». Entonces ellos ya dijeron: «Súbase». Llegamos a Monterrey y ahí nos bajamos. Yo no conocía y me pareció un pueblo muy bonito. Visitamos amigos de ellos y a lo último cogimos un bus y nos fuimos. Anduvimos como media hora y nos bajamos a la entrada de una carretera destapada. Me dijeron que yo no era capaz de caminar todo el trayecto que faltaba.

Nos bajamos como a la una y empezamos a andar, eran las cuatro y todavía andando y dele, dele y dele y yo no me les quedaba; yo era detrás de ellos, y ellos a paso largo; mientras ellos daban un paso yo a veces daba dos y, si me quedaba, me tocaba trotar para alcanzarlos, y así dele, dele y dele.

Llegamos a un sitio donde había un carro que nos cargó hasta un pueblito que se llama Gaviotas. Luego fuimos a una finca donde ya había gente armada y gente de civil, normal, pero con pistolas. Ahí estaban los que permanecían en el pueblo, o sea, los de la especial, los que hacían la limpieza en los pueblos, los que se cargan a las personas: los sacan y los matan. Ahí me dio miedo. Me mostraron una casa y dijeron que me fuera a dormir, pero del miedo que tenía ni siquiera me quité los zapatos. Me dieron una cobija, me acosté, me arropé de pies a cabeza, y ahí quedé hasta el otro día. Me levanté, me cepillé, desayunamos, nos montaron en un carro y nos fuimos. Llegamos a otra finca donde ya todos estaban uniformados y había armamento de largo y de corto alcance. Allá volvieron a preguntarles a mis amigos que para qué habían traído un niño. Uno de ellos me recibió y empezó a hablarme, a darme consejos, que la verdad era mejor que me fuera, que no sufriera, que ellos me daban la oportunidad de que me devolviera. Y yo que no, que no me iba, que ahí tenía que quedarme. A lo último me dijeron: «Pues, listo».

Yo iba con el pelo largo; me peluquearon, me dieron ropa camuflada para que me vistiera y me volví amigo de ellos, sobre todo de La Rata y de Escorpión. Iba con ellos para todas partes, incluso me llevaban a que les hiciera cruces con las novias. Poco a poco me fueron enseñando a desarmar y a armar un fusil y a aprenderme los nombres de las partes. Mis amigos eran escoltas del comandante. Un día les dije que yo quería hacer un tiro. Me dieron un cartucho,

130

lo cerrojié y quedó el arma cargada. Me dijeron: «Roberto, péguele al mango que está ahí». Le apunté al palo pero no me di cuenta de que detrás había una vaca. Disparé, el tiro traspasó el palo y le pegó a la vaca.

Bueno, así empecé a coger práctica. A lo último me pasaron un fusil y me mandaron para otra finca. Llegué y ya no miré ni dos, ni tres, ni cuatro sino que eran 85. Dondequiera que miraba, había gente uniformada, armada y con equipo. Ese día me dieron otro camuflado, botas y una hamaca. Como a las cuatro y media de la mañana me despertaron para hacer la guardia; recibí el turno de cuatro y media hasta las seis de la mañana. Cuando acabó el turno, me llevaron el desayuno en un porta, allá lo llaman el menaje, y me dijeron: «Lleve el menaje», pero como no sabía cómo se hablaba en el grupo, no entendí qué me quisieron decir con eso; no llegué a pensar que le llamaran menaje a la comida; yo entendí homenaje y pensé: «¿Será que le toca a uno rezar o qué?». A lo último me puse a rezar.

Nos fuimos y me tocó la primera patrullada. Cruzamos un cañito en una canoa y llegamos a otra finca donde me pusieron a cocinar. Empecé todo atortolado porque yo sabía hacer algunas cosas, pero no muy bien, como sopitas de pasta y cocinar yuca. Me tocó preparar un caldo, una sopa de pasta con carne y papa para los diez de la escuadra en que estaba. Yo era el más pequeñito de todos, y por eso me llamaban Mascota. Estaba atortolado porque me dijeron que al que dejara quemar las arepas o ahumar la sopa, al otro día le tocaba cocinar otra vez o irse de guardia. Y confundí los sabores: al caldo y a las arepas les eché azúcar y a lo último se me volquetió un poco de sopa entre el chocolate. Sin embargo, ellos se rieron, y a lo último me ayudaron a hacer el desayuno rapidito. Así fui aprendiendo a cocinar.

Al otro día me tocó ir a prestar guardia y me quedé dormido. El muchacho que me recibió me dijo que pilas, que no volviera a hacer eso porque al que encontraban dormido lo sancionaban quitándole la cabeza; ese era de los peores delitos que había, porque podía llegar la guerrilla y acabar con la tropa.

Seguimos desplazándonos casi sin parar. Andábamos medio día, parábamos cinco minutos y volvíamos a arrancar. Así empecé a coger físico, a cargar maletas, fusil y todo. Fue cuando ya ingresé a los paramilitares. Anduve con ellos dos años. Estaba muy amañado allá. No es por nada, pero me trataban bien, me daban lo que necesitaba. Yo tenía, gracias a Dios, todo. La comida nunca me faltó, aunque había veces, andando, que tocaba una sola comida en el día, pero cuando llegábamos a donde se podía, comíamos a la lata.

Ya empecé a desarrollarme bien. Cumplí los quince años y estaba más piloso. Había ingresado en 1999, y en diciembre de ese año nos tocó irnos para un operativo a Boyacá, el primero que hacía. A mí me decían que pilas, que la guerrilla, pero yo no les tenía miedo, no sentía nada, porque decían la guerrilla y yo los consideraba como animales, porque ellos no me decían que eran personas. Cuando miré un poconón de gente allá pregunté: «¿Esa es una guerrilla?». Me respondieron que sí. Los miré en el otro cerro y entonces dije: «Pero si es gente, son seres humanos, ¿por qué uno les va a tener miedo?». Y ya empezaron a dispararnos, y no paraban; duraron como dos horas disparándonos y nosotros no disparábamos ni nada; esperábamos que ellos siguieran. Nos gritaban, nos insultaban y había mujeres entre ellos que nos trataban mal —en los paras no había mujeres, aunque a lo último entraron algunas—. Ahí no peleamos, le pedimos apoyo al Ejército, pero nos tocó salir de una porque el Ejército se torció y nos iba a legalizar; mandaron llamar la aviación y nos iban a bombardear. Nosotros teníamos comunicación con el Ejército, pero de ahí para acá dejamos de tenerla.

Luego nos fuimos a Santa Teresa, Boyacá. Ahí duramos como cinco días, y nos mandaron llamar al borde de la carretera. Cuando llegamos venían unas volquetas, venían carros, llegaron como diez y nos dijeron que nos subiéramos, que nos íbamos. Andábamos y en cada parte se iban abriendo carros, a lo último quedaron tres volquetas y nos fuimos para el Meta. Cruzamos por Villanueva, pasamos agachados y seguimos. El comandante dijo que al que levantara la cabeza, de una vez se la bajaba de un tiro. Y ese man decía la verdad: llevaba como doce años en el grupo y mataba a las personas riéndose. Después llegamos a una central, a un punto entre Puerto López y Puerto Gaitán.

Por esa época mandaban los hijos del patrón, porque el dueño propiamente de todo estaba preso; un compañero lo hizo coger. A ese compañero le pegaron una matada que nunca le habían hecho a alguien. Lo cogieron, lo amarraron, lo torturaron, le sacaron los dientes con un alicate, hasta que no quedó ni uno; dentro de las uñas le metieron alfileres y a lo último le arrancaron las uñas y empezaron a quitarle partecita por partecita. Ya cuando empezó a agonizar, a lo último, lo metieron dentro de una caneca y le echaron llantas y gasolina, lo taparon y listo, se quemó. Cuando fuimos a mirar no quedaba nada, solo cenizas. Eso lo hicieron enfrente de todos. Fue la única vez que miré que mataron delante de todos, porque a todos nos reunieron, no dejaron ni guardias; dijeron que teníamos que estar presentes todos porque a la próxima que se repitiera una historia de esas, ya no acababan con el man sino con toda la tropa. Eso se lo hicieron por sapo. A la mamá no se la mataron, pero a la señora le dejan crecer los hijos varones solo hasta los ocho o nueve años, y ahí se los matan. Ya le han matado como tres. Solo dejan crecer a las mujeres. Ahorita, en este tiempo, ya una de ellas debe tener como veinte años.

Después nos fuimos a una finca que se llamaba La Gloria. Ahí empecé a mirar gente nueva, hasta cuando ya nos formaron y nos dijeron que íbamos a pelear, que íbamos con todo. Unos pidieron que los dejaran llamar a la familia, pero les contestaron que no. En esos días fue cuando comenzaron a llegar hartos heridos, gente de un lado y otro; llegó gente de Carlos Castaño —el patrón mío no era ese man, era otro señor—, y empezaron a llegar los urabeños y los carranceros. Pero ya se había acabado el combate, que fue muy duro y quedó mucha gente muerta. Cuando nos tocó patrullar, encontramos huesos y más de un cráneo por ahí botado.

Con los que yo venía se fueron, me dolió porque ya estaba enseñado a andar con ellos, pero me dejaron para hacer curso en la contraguerrilla donde estaban las peladas. No me convenció mucho porque me puse a pensar que cómo una mujer se va a igualar con uno, cómo va a tener la misma capacidad para correr, andar con equipo, con remesa para quince días o un mes. Pero las peladas eran sin agüero para todo. Eso se desnudaban donde estuvieran para bañarse. Al principio me daba pena, pero me fui enseñando y a lo último también me bañaba desnudo con ellas, pero no pasaba nada, porque al que iban encontrando aparte con una pelada lo iban bajando de una.

Esa contraguerrilla era de 44 manes. Yo acababa de llegar del Casanare y los pelados que estaban allá me recibieron bien, y me fui enseñando. Ya de tanto patrullar se fue pasando el tiempo, y en septiembre del 2000 me llevaron a hacer curso. Llegamos a una base grande y empezamos a arreglar los obstáculos de la pista. Hicimos letrinas, limpiamos las trincheras, armamos el fogón, el aula, el economato, el rancho donde uno cocina y pusimos la manila para pasar al otro lado del caño. A los que llevábamos más tiempo nos dieron dos meses; nosotros salimos en noviembre del 2000.

Cuando nos tocó pasar la primera pista fue normal, la segunda fue más rígida, la tercera más y ya después de la cuarta nos animaban a plomo; al que se saliera lo podían matar. En mi curso afortunadamente no cayó ninguno, pero en el curso antes de nosotros sí. El comandante se paraba y nosotros teníamos que agacharnos a la medida de la cintura y andar así; él ponía el fusil en la cintura y disparaba; en el curso anterior hubo uno que no se agachó, lo cogió por el estómago y cayó; de una vez lo remató en el piso. El instructor era un capitán retirado del Ejército y los auxiliares, los mismos compañeros de nosotros, que ya llevaban más tiempo. Terminamos el curso y de una dijeron: «Los más antiguos salgan al frente». Había 85, dos contraguerrillas.

Como a las cuatro llegó la volqueta y de una vez nos embarcamos. Paramos en una finca donde el comandante regional nos repartió dotación de todo: hamacas, cobijas, toldillos, camuflados, botas y armamento; nos dio el material de intendencia y el material de guerra. Seguimos en la volqueta y hágale. Yo iba contento porque me iba a volver a encontrar con la contraguerrilla donde había estado. De una llegamos allá, pero como a los cuatro días me tocó salir, me enfermé, me dio paludismo de tanta trasnochadera, de tantos mosquitos que lo picaban a uno, de tanta vaina, de tanto pasar por el barro arrastrándonos; a lo último yo tenía rayado el pecho. Entonces me llevaron a donde estaban los enfermos. Allá duré quince días porque, aparte de tener paludismo, estaba todo descuajado, con diarrea. Era una finca, pero ahí tenían todo lo necesario, como médicos y equipos.

Después me sacaron y llegamos a una parte cerquita al pueblito que pasé cuando me vine por primera vez, a La Jungla, más acacito de La Cooperativa, Meta, que era un pueblo fantasma; no había nadie. La guerrilla lo acabó porque nosotros estábamos cerquita. Pero cuando volví a pasar ya había casas y hoy en día ya debe ser un pueblo, porque a pesar de todo, cuando miré, el pueblo estaba grande, ya había discotecas y encontraba uno lo que necesitaba, así no fuera fino, pero encontraba.

Duré no más un día allá, porque nos mandaron a pelear en una zona cocalera. Otra vez nos montamos en unas volquetas y hágale. Nos fueron diciendo que la guerrilla estaba por ahí, que pilas; eso era cerquita de una petrolera y la guerrilla era la que peleaba por el petróleo. De ahí para allá no hay nada más, sino petróleo y sabana, ni gente vive en esas fincas. La guerrilla había quemado la petrolera y por eso la estaban reparando; encontramos rastros de que habían pasado por ahí. Al subir una loma, de repente los vimos de frente, ahí en la otra loma. Los manes estaban adelante encortinados —todos de frente—, esperándonos. Ellos eran como cien y nosotros apenas 50. Yo siempre me decía: «¿Por qué cuando vamos a pelear hay más guerrilla que nosotros?». Le pregunté al comandante y él me dijo que la guerrilla, así fuera con el Ejército, cuando iba a pelear le gustaba estar con más gente; si no, no se metía, salía corriendo.

En esas todos se botaron de las volquetas y yo fui casi el último. Cuando di la vuelta, caí en cuatro patas y me di con el fusil en la nuca; quedé tonto. Arranqué por un lado que no era y me tocó devolverme. Me paré, desaseguré el fusil y nos fuimos encortinados, dejando como de a diez metros entre uno y otro, para que si tiraban un rafagazo hubiera tiempo para botarse al piso, porque si uno va amontonado hasta con un tiro pueden matar a dos personas —más adelante le cuento la historia de un tiro de esos—. Seguimos y yo vi la tierra toda limpiecita, como la dejamos nosotros cuando ponemos minados, y empezamos a mirar y vi unos turupitos, y al lado como si hubieran excavado. Le dije al comandante que pilas, que estaba minado, que no nos confiáramos, pero el comandante, de lo atortolado que estaba, no se dio cuenta ni escuchó.

Nos alcanzamos a atrincherar y de una nos encendieron. Ellos empezaron a boliar y nosotros les respondimos. Ahora me acuerdo de que el comandante de toda la tropa se quedó escaneando la comunicación de la guerrilla. Uno le decía al otro que no se preocupara, pero que no se fuera a ir de ahí, que cómo se iban a dejar sacar 100 caballos (se decían caballos en clave y a nosotros vaqueros) si había menos vaqueros. Pero le respondió que nosotros íbamos como leones encima de ellos y que no iban a esperar a que los matáramos. A lo último le dijo que él se iba, pero que tranquilo, porque dejaba unas yuquitas enterradas —las yucas son las minas— para los de negro. Nosotros entonces vestíamos de negro y llevábamos un brazalete, primero de las AUC, Autodefensas Unidas de Colombia, y después de las ACC, Autodefensas Campesinas Colombianas. Seguimos adelante en esa vuelta y los primeros que llegaron a la lomita vieron una jeringa enterrada, que era una mina. Entonces pasamos por los lados de la loma y no nos montamos por encima; seguimos y había otra loma más adelante, la revisamos y avanzamos. La guerrilla se había ido de ahí, salieron corriendo. Más adelante estaban en las otras lomas. Nos situamos con el reemplazante, quien era el que tenía el Galil, que es un arma mil veces más dura que el AK-47. Yo disparé como siete veces y vi al del Galil que apenas miraba y apuntaba. Al rato, pum, sonó su primer tiro y cayó un guerrillero; el que iba adelantico corriendo se devolvió, seguro a quitarle el fusil, porque ellos no dejan armamento botado; entonces sonó el otro tiro de Galil y quedó también. Al otro día, cuando fuimos, estaban los dos ahí. El Galil es lo mejor: tiene balas grandes, 7.62, de largo alcance, pero el Ejército casi no carga ese armamento, porque si entran en combate y llegan a coger a un guerrillo que haya quedado muerto o herido con un tiro de ese calibre, de una vez cae Derechos Humanos, porque ese tiro entra y vuelve todo nada.

El combate se acabó como a las siete de la noche. Estábamos cansados de correr y pelear, y del peso; yo tenía granadas de mortero, el fusil y la munición, y por eso iba mamado. Me acosté boca arriba, a no pensar en nada, con los ojos cerrados, cuando sonó severo bombazo. Abrí los ojos, miré hacia atrás y vi como unos bultos que se levantaron. Cuando fuimos a la recogida encontramos a un compañero con las piernas mutiladas por la mina, porque él se sentó encima; al otro lo abrió por el medio de las piernas hasta el pecho, y el otro tenía un brazo vuelto nada. Eso fue el 2 de noviembre del 2000.

Al otro día seguimos, pero yo cogí detrás de un muchacho, y donde él pisaba, yo pisaba, porque no quería correr el riesgo de que de pronto también me levantara una mina. Después ya nos devolvimos y nos repusieron la dotación que habíamos gastado, y cogimos a pie, andando día y noche como tres días. Fuimos a otra zona donde había guerrilla. Los esperamos y les pusimos dos minas que construimos con ollas *express*, pero como no llegaron, nos fuimos. Cuando nos fuimos, ellos llegaron. Nos encendimos después sólo con tres de ellos, pero no se dejaron matar así de fácil, aunque nosotros éramos 40. Después les cogimos el armamento y nos fuimos; nos devolvimos ya cansados y sin remesa.

Descansamos cinco días y después a patrullar por los Llanos. Ahí pasamos el 24 de diciembre y el 26 nos llamaron a darnos permiso. Llegó una volqueta y nos montamos los que nos íbamos. Al otro día llegamos y el patrón nos formó. Nos hizo entregar la munición y el armamento contados. Nos vestimos de civil y empezó a llamar a uno por uno para pagarnos. Yo llevaba 16 meses y me dieron más de dos millones, pero ya me habían dado otra plata en diciembre de 1999. Eso era mucha plata. A mí me dieron como ganas de entregarla, dije: «¿Qué voy a hacer con esto?». Pensé en mi mamá, aunque no es que le tenga mucho cariño, por lo mal que me trató cuando yo estaba en la casa y todo lo que pasó. Pero yo feliz. Nos montamos en una chiva y para adelante nos fuimos. En cada tienda comprábamos cerveza, aguardiente y de todo. No parábamos de beber.

Llegamos a Puerto López y yo envolví mi pistola pequeña, de 7 mm, en la camiseta que llevaba en la mano, y me fui andando. La plata la tenía en unos puchotes que llevaba en cada bolsillo del pantalón, en billetes de cincuenta mil, que acababan de salir. Entré de una a un almacén a comprar ropa y le pagué a la señora para que me dejara bañar, pero ella no me cobró. Pagué dos mudas de ropa, le dije que las recogía al otro día y me fui para la casa del papá de mi padrastro.

Apenas llegué, ellos se quedaron inmóviles, porque ya sabían que yo estaba en el grupo. Les conté que venía de permiso. Puse los dos manojos de plata y la pistola en la mesa. Saqué un millón completo y les dije que me lo guardaran. Ellos como raros, porque son evangélicos, pero la hermana de mi padrastro, que no es tan evangélica y es de ambiente, sí me guardó todo. Me fui de una para la calle, a buscar a los compañeros, pues nos habíamos quedado de encontrar en el putiadero. Cuando llegué ya estaban tomando, me senté y me llamaron una vieja de esas, pero yo como con vainita. Dije: «No, de pronto estas peladas tienen enfermedades», pero la administradora del negocio me respondió que ahí cada ocho días iban a control y que allá era todo con preservativos.

Para mí era la primera vez. Tenía miedo y por eso saqué la excusa de las enfermedades. Comencé a tomar como a las diez y como a las dos de la mañana, cuando ya estaba borracho, a la pelada le tocó llevarme casi cargado. Empezó todo y lo cierto fue que hasta se dañó la cama. Ya al otro día me paré, desperté a los otros pelados y seguimos tomando. Casi todo el pago mío lo dejé ahí: millón y pucho. En la primera noche y el resto del día nos tiramos como 500.000 cada uno. Éramos seis y tomábamos mero ron, que valía como a 20.000 pesos la media. Los otros muchachos ni ropa habían comprado. Después me fui para una joyería y me compré la manilla, una cadena y anillos de plata. Llamé a mi mamá y la invité a visitarme en Puerto López, que yo le pagaba el pasaje. «Venga que acá la pasamos bacano», le dije.

Después me fui con la hermana de mi padrastro en la moto, a donde una pelada que tenía una hija de un compañero del grupo y le tomamos una foto para llevársela a él. Al otro día llegó mi mamá pero no le paré muchas bolas. Me fui de rumba con otra muchacha, amanecí con ella y le regalé la manilla que había comprado. Al día siguiente me fui de nuevo para el putiadero y me quedé dormido tomando. Estaba ya amaneciendo cuando me desperté y mandé la mano a la billetera y a la cadena, y no encontré la cadena. Miré y la tenía puesta un pelado que ya se iba a ir. Lo paré, pero ya iba saliendo con otro, así que afuera eran dos contra mí, pero otro amigo, que era de una Convivir, salió a apoyarme. Le quité la cadena a la fuerza... Siquiera que yo no tenía mi pistola.

El 4 de enero, ya del 2001, distinguí a una pelada, y nos parchamos con ella hasta el 7. Uno andaba tranquilo por allá; Puerto López, Puerto Gaitán, Villanueva, Monterrey, Casanare son controlados por los paramilitares. Con esa pelada fue con la única que duré más de un día, más de una noche. La pelada me trataba bien y la pasábamos chévere, pero ya fue tiempo de presentarme y volver al grupo.

Fueron diez días. Mi mamá se fue brava porque me la pasé borracho todo el tiempo y no dormí sino dos noches en la casa. La hermana de mi padrastro se puso brava porque no le paré bolas, pues yo dormí en el cuarto de ella la primera noche que me quedé allá, en otra cama que había, y ella toda provocativa cerró la puerta, se puso una pijama, y yo como con ganitas, pero me daba vaina que ella gritara o algo. A lo último me tapé con la cobija y me dormí. Yo estaba apenas empezando, ¡hoy en día uno ya no perdona nada!

Cuando volví al grupo, me mandaron para el Casanare y de ahí nos fuimos para Boyacá. Íbamos llegando pero tocó devolvernos, porque estaba todo berraco. La guerrilla había matado a siete pelados; a uno lo quemaron, lo rajaron, la guerrilla también hace esas cosas. Nosotros todos rabones nos fuimos a hacer el operativo. Más adelante los vimos abajo, en una escuela. Venían, nos hostigaban y nosotros no respondíamos. Seguíamos. Entonces los envolvimos; unos nos les fuimos y salimos como una hora adelante, y ellos quedaron en el medio. Como a las seis de la mañana les caímos y matamos dos guerrillos, quedó uno herido y una pelada con un tiro en una nalga. Ellos nos mataron a un pelado: le pegaron un tiro en la boca del estómago.

Allá encontramos galones de gasolina, los equipos de ellos y un ranchito viejo. Fui a curiosear y descubrí una remesa de comida como para tres meses. Lo que más había era azúcar, pasta y arroz; verduras, muy poquitas. De una nos repartimos todo y seguimos. Subimos a una loma y nos atrincheramos. Me puse detrás de un palo grande y comencé a limpiar el fusil. Lo desarmé y lo armé. Me estaba comiendo una ración de campaña —las nuestras son buenas, como las del Ejército— cuando de pronto se prendió todo. Me salvó el palo, o ésta sería la hora en que no estaría acá. De una, plomo corrido. A los quince minutos, pum, le dieron al comandante; al segundo al mando de nosotros lo hirieron en una pierna y me tocó subir entre plomo por lado y lado. Ahí nosotros no tuvimos muertos, solamente heridos. Los muertos, como cuatro, los hubo con una mina. Ya nos tocó devolvernos, por los heridos y porque no teníamos raciones de campaña, y estábamos cansados. Enterramos a los manes y, listo, nos fuimos. Seguimos andando y tuvimos varios enfrentamientos.

En junio nos reunieron y nos dijeron: «Muchachos, ¿quiénes necesitan permiso?». Yo levanté la mano y dije: «Necesito un permiso de cinco días y un préstamo». Examinaron y dijeron que merecía el permiso. Me lo dieron para el 10 de julio, cuando regresáramos de un operativo.

El 3 de julio nos fuimos. Acampamos cerca de donde estábamos. Como a las cuatro hicimos el desayuno, y como a las diez hicimos moflete, que es un alimento ni el berraco, que se prepara con avena, kola granulada, leche, azúcar y galletas desboronadas; eso queda espesito, es muy nutritivo y rico. Seguimos andando y a las cinco paramos. Nos repartieron el aceite para limpiar el armamento y gasolina para no hacer humo, porque si cocinábamos con leña nos detectaba la guerrilla. Nosotros cambuchamos y yo hice el tinto a las ocho de la noche. La guerrilla estaba en el cerro dándose cuenta de toda la jugada. Otros manes también hicieron tinto y recocharon. Me acosté a las once y a las dos y cuarenta y cinco de la mañana recibí la guardia. Como me había acostado tarde, tenía sueño; yo cabeceaba pero sin embargo el ruido que escuchaba no me dejó dormir; era la guerrilla que ya estaba avanzando a esa hora. Yo no avisé porque no los veía; solamente escuchaba el tropel, y no estaba seguro de si eran animales o qué. Entregué la guardia y me dormí. Antes de las cinco nos despertó el comando, el comandante.

Me levanté, me cepillé y prendí un cigarrillo, le di dos plones y me pegué dos sorbos de tinto, cuando de una nos encendieron. Era plomo corrido y caían cilindros, caía de todo, pero lo que más nos jodía eran los cilindros. Nosotros éramos como 200 y ellos eran más de 600, porque incluso se quedó gente de la guerrilla sin pelear; tal sería la cantidad.

Nosotros nos encortinamos rápido. Dejé el tinto y no podía ni meterme el cigarrillo a la boca, porque estaba todo tembloroso. Voltié a mirar y vi a otro man que estaba peor que yo —superatortolado—; le pasé el cigarrillo y el man se calmó, pero de pronto le pegaron un tiro en una pierna. Nosotros íbamos echando para atrás, porque a la guerrilla la teníamos ahí. Nos habían cogido de sorpresa. Dejé al man a un lado y busqué una piedra dónde protegerme; encontré una pero me cubría hasta la cintura nada más.

Yo quietico ahí. Las balas me pasaban por los lados, y yo con los brazos por fuera, "psicosiado", atortolado. Vi una piedra más grande, me le tiré encima y al tiempo otro man se tiró. Aunque yo le gané, él se quedó ahí y se hizo a un lado de mi hombro. Llegó otro y nos arrumamos los tres. Pero vino un tiro, pegó en la piedra, le dio a uno en la cabeza, al lado del ojo, y después le entró al otro man en el hombro. Ahí fue cuando me di cuenta de que, de verdad, un tiro podía matar a dos personas.

A otro pelado que estaba más lejos lo cogió una ráfaga como de 100 tiros y le voló la cabeza de una vez; a pesar de que estaba sin cabeza quedó ahí parado y a lo último cayó de rodillas.

Después me dieron dos tiros. Primero me pegaron uno en el hombro izquierdo —de ahí me sacaron como un centímetro y medio de hueso—, y el otro me entró y me quedó tocando el pulmón. Me dieron con un AK-47.

Cuando salí no podía mover el brazo, lo arrastraba por debajo del cuerpo; estaba descolgado. Después ese brazo me quedó más delgadito que el otro, y perdí fuerza en él. Yo le dije a mi comandante: «Huy, mi comando, aquí me mataron». Me dijo: «Tranquilo, no se atortole». Salí como pude y me quité de encima lo que llevaba: 200 cartuchos de ametralladora, 300 de fusil, una granada de mano, el fusil y el otro fusil que remolqué, del pelado al que le habían dado. Salí y sentí la espalda caliente, por donde me bajaba la sangre. Me dijeron: «Pilas, váyase de una». A mi lado estaba un pelado al que quería mucho, con el que nos decíamos primos porque nos la llevábamos bien. A él le entró un tiro por el cuello, al lado derecho, y le salió por el lado de la paleta izquierda, por la espalda, y lo pulmonió; o sea, él respiraba y le salía el aire por el hueco de atrás. La cabeza se le puso como inflada. Yo no lo distinguí de entrada, pero estaba sin camisa y le vi el tatuaje de una cobra que él tenía. Murió en el hospital.

Había muchos heridos. Varios murieron al rato. A mí me montaron en una camioneta y salimos para Monterrey. Pensé: «Si no me mató el tiro, voy a morir desangrado», porque puse la mano y sentí un pozo de sangre.

Llegamos a una casa en el pueblo y comenzaron a bajar los heridos. Había mucha gente alrededor mirando. Lo primero que hicieron fue quitarnos la ropa camuflada y ponernos de civil, pero ya estaba la Policía ahí. Me montaron en una camilla, y corra a ponerme suero y a buscar el tipo de sangre. Con el suero empecé a sentirme más relajado; pude llenar los pulmones y respirar mejor. Nos hicieron las primeras curaciones; me sacaron la bala que tenía adentro, llamaron ambulancias y nos trasladaron al hospital. La gente nos ayudaba, porque desde ahí se oían claritico los bombazos, y ellos sabían que estábamos defendiendo el pueblo. Me subí a la ambulancia y me quedé dormido.

Cuando llegamos, me montaron en una silla de ruedas y hágale. Iba todo empapado de sangre. Me sacaron una radiografía y vi que el brazo estaba vuelto nada. El médico me dijo que me había salvado por un pelito.

Me acostaron en una camilla, me dormí y cuando me desperté estaba ya en una cama. Pero no me dejé operar. Me colocaron una gasa en el brazo y ya no pude dormir más. Como a las siete de la noche llegaron los tombos, los policías. Me interrogaron pero yo negué todo, dije que era un civil. Les di otro nombre y les dije que tenía 32 años. Les mostré un carné de un seguro que nos habían dado, para que nos atendieran, en el que decía que tenía esa edad. No me creyeron mucho y por eso dejaron a un policía cuidándome.

Al otro día ya me pude bañar de la cintura para arriba. Llegaron entonces de la Policía, del DAS y de la Fiscalía. Me dijeron que tenía que irme con ellos; me consiguieron una muda de ropa y me llevaron. Al llegar al comando de la Policía me quitaron los cordones de los zapatos y me encerraron en un calabozo. Esto ya era en Yopal.

En una época nosotros sí trabajábamos con las autoridades, pero ahora ya no. En el curso me contaron que el Ejército fue el que empezó a fundar los paras; cuando eso los llamaban los macetos, porque como el Ejército no podía matar, por los derechos humanos, contrataron un grupo así. Pero el Ejército les daba las armas. Ya cuando el grupo fue creciendo y se armó totalmente, se formaron los paras. Eso fue lo que yo supe allá, lo que nos contaron, la política que nos dieron.

Me acosté en ese cemento frío y de una empecé a drenar sangre y de todo. Me puse tan mal que como a la media hora me llevaron otra vez para el hospital. Me aplicaron una inyección y me dejaron en una colchoneta. Ahí duré ocho días. Después me sacaron a indagatoria. Yo volví a decir que tenía 32 años y que era un civil. Pero cuando me fueron a ver los tiros vieron las marcas del equipo y las marcas de las botas. Entonces me mandaron para la cárcel de mayores del Circuito de Yopal, donde había otros compas, que eran los que mandaban. Allá duré dos meses. El grupo me mandó abogado, dos mudas de ropa, toalla y dinero, como 50.000 pesos. Al otro día pedimos media de ron y me tomé unos tragos. Las heridas se fueron complicando, con todo y que me hicieron varias curaciones. Sólo empezaron a mejorar cuando me echaron panela rallada.

Un día llegó el médico de Medicina Legal para hacerme unos exámenes. Me examinó las heridas, me revisó las axilas, la dentadura y me preguntó la edad. Le volví a decir que 32 años, pero él no me creyó. Yo estaba sindicado de concierto para delinquir, paramilitarismo, secuestro, homicidio, y la pena era como de 25 años.

A los pocos días de la visita del médico, el director de la cárcel dijo, durante el desayuno, que allá no podían estar menores de edad porque era un delito. Todo el mundo me miró y él me preguntó la edad. Le dije la verdad, que tenía 16, y los otros soltaron la risa. Duré como quince días más y me sacaron para la cárcel de menores, donde estuve un mes. Yo era el que ponía orden allá. El que organizaba las listas del aseo y todo lo demás. Una amiga me regaló un ventilador. Mi mamá llegó y me compró un radio; con música ya permanecía más contento. Lo único que me faltaba era el televisor. En ese tiempo fue lo de las torres gemelas, cuando yo estaba en la cárcel de menores.

Después llegó el Bienestar y como a los cuatro días me llevaron para Bogotá, a una institución donde había muchos exguerrilleros; la verdad no me agradó, porque me dije: «Todo lo que pelié con estos manes, para venírmelos a encontrar acá», pero yo estaba más calmadito y pensé que en la cárcel de mayores también vi guerrilleros y no hubo problemas. De ahí me mandaron a una casa a otra ciudad, donde estuve el resto de año. Luego abrieron esta fundación, y gracias a Dios aquí estoy.

Después tuve un tratamiento especializado, porque quedé muy traumatizado por lo que viví en el grupo; sentía que me iban a matar a cada momento. No podía dormir muy bien. He tenido problemas, pero todo el mundo los tiene. Ahora me preocupa que hay un primo de mi padrastro que ha estado abusando sexualmente de mis hermanos. Hablé con Bienestar para que me ayude a resolver ese problema, porque, si no, me voy para allá y arreglo eso.

También he tenido problemas porque una muchacha con la que estuve quedó embarazada. Así me toque trabajar duro, yo no le doy la espalda a ella. Voy a esperar a ver qué pasa. Estoy estudiando, nivelando la primaria; me siento contento porque, aparte del estudio, recibo capacitación en computadores y en empresas.

Lo que más recuerdo de esa vida anterior es que a mí me tocó participar como en tres masacres, en fincas y pueblos del Meta. Los matábamos porque eran guerrillos, colaboradores o sapos. Entonces tocaba barrer. Como estábamos en una zona guerrillera, barríamos. Cuando íbamos abriendo zona, llegábamos a una finca y acabábamos con todo. Me acuerdo tanto que vi morir a un pelado como de unos nueve meses de nacido, de brazos. Lo agarraron de los pies, de las paticas, y lo estrellaron contra un muro. El muro de cemento quedó manchado y a mí me dolió tanto que la cabeza me hacía bum. Si los papás estaban muertos en la finca, ¿para qué se iba a dejar vivo el niño? Tocaba barrer con todo. La orden era no dejar nada vivo, hasta el gato llevó también plomo.

Recién entré me tocó matar a una persona. Me dijeron: «Vamos a ver si sirve para estar acá». Yo pensé que era hacer cualquier cosa de trabajo; pero nunca me imaginé que era para matar gente. Cuando llegué a una finca había cuatro amarrados. Matamos dos un día por la mañana y a los otros dos al día siguiente: uno por la mañana y otro por la tarde.

Me tocó despresarlos, descuartizarlos cuando ya estaban muertos. Hubo uno que yo acabé de rematar; le saqué manteca del pecho, lo eché en una bolsa y lo enterramos en un hueco de 50x50. Esa manteca de muerto es muy buena para los barros, para cicatrices. Nosotros la revolvíamos con aceite Johnson's, porque pura lo seca a uno y se le vuelve la cara fea.

Cuando le dimos a ese man y me dijeron que le quitara la ropa, las piernas me quedaron tiesas. Yo no las podía encoger ni nada; a lo último me tocó hacerme masajes, y yo con miedo del corazón, me palpitaba y yo cerraba los ojos. Lloré del miedo tan berraco, de la lástima que tenía. Lo que más me dio tristeza fue que él dijo que no lo mataran. Me preguntó: «¿Me van a matar?», y yo le dije que no. Me dolió tanto, porque le dije que no lo íbamos a matar. Cuando ya le ordenaron que se acostara, se despidió de un pelado que estaba al frente. El otro cuando estaba muriendo no dijo nada, pero se ensució en la ropa del miedo. También me tocó descuartizarlo. Comencé con el brazo, pero se me encogió por el tendón; entonces otro man me dijo cómo hacer y me enseñó; me dijo coja aquí, así, por ejemplo, la pierna la levanta, y tan, tan. Ahora yo sé cómo se despresa una persona. Después, como a los seis meses, donde quedó muerto uno, acostadito, se hizo como una zanjita, en donde lo mataron, y salió pasto verde, verde, verde, lo más de verde, lo más de bonito; un pradito pero pequeñitico. Y donde murió el otro nació una mata de cacao. Los otros manes comían de ese cacao —yo no— y decían que era dulcecito, que era lo más de rico.

A mí me daba mucha tristeza, pero lo peor fue cuando vi morir a una señora de tres meses de embarazo. ¡Ay, Virgen Santísima! Ahí sí lloré, lloré, y me encontraron llorando. Les conté por qué era, y me dijeron que tranquilo. El comandante dijo que también le daba dolor, porque él no quisiera que hicieran eso con su mujer o con su hijo, pero que órdenes son órdenes, y que si no se cumplen la milicia se acaba. A él también se le trataron de escurrir las lágrimas, pero al man que la mató no; incluso hasta la desnudó, y la mató degollada. Pobrecita. Cuando la llevaban amarrada me pidió que no la fuéramos a matar y yo le contesté que tranquila, que no la iban a matar, y le dije: «Vaya con Dios». El patrón la mandó matar porque era colaboradora de la guerrilla; ella fue guerrillera y le dieron la retirada, pero siguió trabajando con la guerrilla. Nosotros teníamos allá, ahí adentro, guerrilleros que se entregaban para trabajar con nosotros.

La última persona que vi morir me cayó en el pecho, o sea, le pegaron los tiros y me cayó encima y se fue deslizando. Cayó al piso y yo me agaché, le abrí los ojos y me puse a mirárselos. Lo único que vi fue un cristal brillante, delgadito; yo miraba como una vaina delgaditica y como un cristal, prácticamente transparente, brillante; después no vi nada más porque quedaron blancos.

Ahora no sé qué voy a hacer con la vida. Me provoca irme, así sea para el grupo, o a trabajar en alguna parte. Y hay veces que quiero acabar el estudio y aprovechar lo que me están dando acá. Espero muchas cosas de la vida, cosas buenas y cosas malas, porque si hay cosas buenas, hay cosas malas. Por ejemplo, he aprendido que por más dificultades que tenga yo no peleo. Trato de solucionar las cosas con palabras, y doy ejemplo.

Espero salir adelante con la ayuda de muchas personas. Más que todo acabar el estudio, porque hoy en día el estudio es lo más importante. La única materia con la que no he podido del todo es matemáticas, pero para inglés —imagínese, en primaria nos están enseñando inglés— y todo lo otro, no es que sea tan bueno, pero sí entiendo las vainitas. Si Dios quiere, el próximo semestre paso a sexto, y si me va bien el otro semestre paso a séptimo; en un año hago dos cursos. La verdad, uno tiene que aprovechar.

6

«Quiero decirle a la sociedad que nos acepte»

Cuando lo vi por primera vez, en camiseta y bluyín, Javier era el presentador de la fiesta que ofrecían a los muchachos que salían de los hogares a las casas juveniles. Semanas después lo encontré, de cubilete y esmoquin, como maestro de ceremonia en la primera muestra de expresión de los niños y jóvenes desvinculados de la guerra. Es flaco, jovial, colaborador, entusiasta. Siempre está en el centro de la jugada. Fue el primero que entrevisté en un hogar para niños desvinculados; el primero que me explicó quiénes eran y qué hacían allí. La segunda parte de la entrevista la hicimos en una casa juvenil, donde los muchachos enfrentan la vida en sociedad. Nuevamente estaba feliz, ahora porque compartía una habitación confortable con Iván, su amigo, con quien se aprestaba a montar un negocio, y se preparaba para presentar el examen del Icfes que le daría entrada a la universidad. Tiene mirada de niño grande, algunos granitos en la cara y una sonrisa amplia.

Un día mi papá me iba a pegar y yo le dije que si lo hacía me iba para la guerrilla y venía y lo pelaba, lo mataba; en esa época el EPL estaba por allá en mi tierra. Pero mi papá no me paró bolas, me pegó y yo me le fui rebelde por el otro lado, me le escapé. Estuve como tres horas en la calle. Cuando volví, de la rabia que tenía, no lo miré a la cara. Vivía con mi mamá y mi papá, pero la relación con ellos no era buena, por mi rebeldía: peleábamos mucho, me pegaban y yo me enojaba. Me gustaba hacer lo que a ellos les molestaba; me decían: «No vaya a la quebrada», y me les volaba para allá. Me decían: «Mire, no ande con tal persona, que no le conviene», y fijo yo me iba con esa persona.

El año pasado ellos vinieron y nos reconciliamos. Primero discutimos, pero ahora nuestra relación es buena. Tenemos un diálogo directo porque hablamos sobre nuestros problemas de frente. Les pedí disculpas, les conté que estoy estudiando y que con mi amigo Iván vamos a montar el proyecto productivo de la panadería. Mis padres están contentos y confían en mí; esperan que me los traiga, porque la zona en que viven está muy roja; mejor dicho, están en peligro. Ojalá les pueda ayudar.

Mi papá carga madera, carga muebles en los camiones o descarga los mercados, y mi mamá lava ropa de la gente que le llevan, y cuida a las dos hermanitas que tengo ahora. Ellos viven en el pueblo, en el corregimiento, en la casa de mi nona, de mi abuela, la mamá de mi papá, que falleció hace ya un año. Ahora mi abuelo les dejó una parcela y están construyendo una casa. Mi papá y mi mamá siempre han sido de bajos recursos, apenas les alcanzaba para alimentarme y no tenían para darme estudio; entonces mi padrino me ayudó, o si no habría tenido que ponerme a trabajar con mis papás. Una parte de mi familia no me quería a mí, como que me rechazaba por ser hijo de mi mamá, porque mi mamá era pobre, no tenía mucha plata y la familia de mi papá tenía algo más.

Recuerdo que cuando tenía siete años y estábamos más o menos bien con mi papá, él me invitó a pescar. Me acuerdo tanto de que me pegó un severo regaño porque le dejé ir un pez muy grande, una guabina. «¡Ah, so güevón!, me dejó ir el pescado. Ahora qué vamos a hacer», me gritó. Le respondí: «Pero, papá, yo no sabía que el pescado estaba vivo». Y me volvió a regañar: «Claro que estaba vivo; yo a usted no lo vuelvo a traer a pescar». Pero como a los tres meses me volvió a llevar, y ahí sí nos fue bien. Ese día hicimos fiesta: nos fuimos a las ocho de la noche y regresamos a las dos de la mañana con diez capitanejos que pescamos; llegamos a la casa contentos. Otra vez a mi papá le dieron un cacaotal a medias y también me llevó, pero como yo no estaba enseñado, los zancudos me dieron por todas partes; sin embargo, aprendí a coger cacao, a tumbar, a recoger.

Después mi papá nos llevó a Salazar, a donde una muchacha que le dicen "la Virgen milagrosa", porque hace milagros. Otra vez me compró una bicicleta, estaba medio caída, pero era una bicicleta; se la compró a mi tío. Mi papá me dijo: «Javier, vaya a la casa que tengo que hablar con usted». Y yo pensé, preocupado: «Ahora qué pasa, cuál será el problema». Llegué, me miró, me llevó y me habló: «Mire, esa bicicleta es para usted». Yo bailé de la alegría y le di las gracias. Así pasaba: a veces me sentía bien con él y a veces no.

También recuerdo que en una época mi mamá no vivía con mi papá; ella trabajaba en Bucaramanga como empleada en una casa, pero le pagaban mal y no la trataban bien; uno de los hijos de la patrona me llegó a golpear. Cuando mi papá supo, fue por mi mamá y se la volvió a llevar para el pueblo; yo tenía entonces once años. Después, hace cuatro años, se casaron; cuando supe me alegré mucho porque se unieron más y mejoró la relación, porque a mi papá siempre le ha gustado tomar. Él cambió un poco con el matrimonio y dejó de tomar más cuando me fui para la guerrilla. Mi ingreso les dio muy duro, se arrepintieron y vieron que pegarme, como lo hacían, no era la forma correcta de castigarme. Pero me duele mucho por mi mamá; hice sufrir mucho a la cucha. Ella casi se muere de un infarto, la tuvieron en la clínica. Y sufre de migraña; o sea, cualquier cosa mala que yo le proporcione, o alguien de mi familia, la puede matar. Con cualquier cosa fuerte puede quedar tiesa. Eso fue lo último que le dijo el médico, o sea, mi mamá no me lo contó, lo supe por la esposa de mi tío y yo dije: «¡Huy, Virgen Santísima!».

Nací en un municipio de Norte de Santander. Ahora tengo 16 años. Llegué a este programa por ser miembro de las filas de los grupos armados, aunque ya estoy desvinculado. Fui capturado y tengo más de dos años de andar en procesos. Esta última época me ha servido de mucho porque he aprendido a valorar mis cosas y he salido adelante en lo fundamental. Bienestar Familiar me ha ayudado en lo del estudio; ya estoy finalizando undécimo grado, termino en junio y entraré a la universidad el otro año, si Dios me lo permite.

Yo pertenecí al ELN. Estábamos entrenando para tomarnos la cárcel de Cúcuta cuando fuimos capturados. Apenas tenía siete meses de haberme incorporado a la guerrilla. Llegué allá porque me gustaban sus ideales, estar con ellos, conocer otras cosas, pero no pensé que fuera tan cruel. Claro que a mí no me fue mal; les agradezco a ellos porque aprendí a cocinar, a lavar mis cosas, a saber que tenía que responder por mí mismo o, si no, tenía que asumir las consecuencias; claro que aquí en la cooperación reforcé todo: mi responsabilidad, saber que tengo que responder por mis cosas, ser autónomo; saber que cuando deseo algo lo puedo luchar, lo puedo pelear, lo puedo conseguir.

A mis cuchos los afectó mucho cuando me capturaron y me llevaron para Bogotá. Les habían dicho que me habían matado; estaban tristes, preocupados, lloraban por mí. Habían ido a Cúcuta, a Medicina Legal, a la morgue, a reclamar mi cuerpo. Cuando los llamé, mi mamá no creía. Decía que ese no era yo, que yo estaba muerto. Yo le dije: «No, mamá, soy yo, soy yo». Y ella: «No, mijo, es que usted está muerto». Hasta que la convencí, pero entonces creyó que estaba en la cárcel —cuando eso todavía no teníamos buena relación—. Yo le decía: «Mamá, yo estoy muy bien. Estoy estudiando». Y ella: «Yo no le creo, usted está en la cárcel». Hasta que una vez fue a visitarme como dos días; me vio, se alegró y desde ahí mejoramos la relación. En diciembre pudimos establecer contacto directo con mi mamá, perdonarnos todo lo que nos habíamos hecho y ahora somos una familia unida. Mi idea es que como mis papás me ayudaron de pequeño, ayudarles yo ahora. Tengo mucha fe puesta en mis proyectos. Ojalá todo salga bien.

La OIM nos va a patrocinar el proyecto, el presupuesto creo que es de dos millones seiscientos mil pesos, para Iván y para mí, y ya lo tenemos aprobado por la OIM y por Corfas, otra ONG que nos está apoyando; nos están orientando para no fracasar. Ellos están con nosotros en la gestión, nos colaboraron para entrar a los cursos de panadería y a cursos de administración de empresas; cursos sencillos de administración de negocios. En esto he depositado mi fe, mi confianza y sé que lo voy a lograr.

A la guerrilla ingresé después de que el ELN hizo una toma en la región. Los guerrilleros se llevaron a 23 policías; liberaron a uno, porque estaba herido, pero a los otros se los llevaron. En esa época cometí una falta. Yo andaba con una pandilla y decidimos ir a robar una caseta. Nadie se dio cuenta, nadie sospechó, pero un muchacho se dejó caer, contó la verdad y la guerrilla nos agarró, casi nos mata; nos castigó con seis meses de trabajo. En esa época ya era el ELN el que dominaba la zona, aunque también el EPL se metía y las FARC pasaban de vez en cuando. El castigo era en casas campesinas, en una vereda donde ellos estaban, para que no nos fuéramos a volar. Y como nos portamos bien, trabajamos de seis a seis y no nos movimos, no tratamos de volarnos, entonces nos dieron otra oportunidad. Yo trabajaba donde una señora que me cogió cariño, me quería mucho, y por eso me ayudó. Al fin me dijeron: «Javier, váyase para su casa». Yo los conocí en esos días como personas trabajadoras, y fui creyendo en ellos. Le dije al comandante José, al tío José, como le decían: «Yo quiero ingresar». Pero me respondió: «No, usted está muy chinche, está muy chiquito». Yo insistí, pero nada. Me mandaron para la casa. Al poco tiempo busqué a otro comandante, al que le decían La Araña —que ahora está con los paramilitares—, y le insistí, hasta que un martes llegó a mi casa un miliciano. Le dije a mi mamá que me iba a trabajar, pero ella se dio cuenta. Luego fue a tratar de sacarme, pero yo no quise.

El primer día me explicaron todo: «Aquí toca que usted aprenda a cocinar, hermano, a lavar su ropa, y hay veces que no se puede dormir porque el Ejército está encima y lo pueden matar». Ese fue el primer día. En la noche me dijeron: «A usted le toca prestar dos horas de guardia aquí parado y muy atento, si ve algo grande dele plomo o pite y levántenos». También me advirtieron: «En el caso de que nos lleguemos a enfrentar con los chulos, si lo llegan a herir no diga herido, diga una clave, que nosotros le entendemos».

Allá me cambiaron el nombre y me enseñaron a limpiar un fusil, y lo que es una mini-Uzi, una subametralladora. También me enseñaron a parar los buses, me dijeron: «Usted, como conoce la zona, se tiene que tapar la cara, se sube al bus y dice: "Buenos días, somos del Ejército de Liberación Nacional, no tengan miedo, queremos pedirles que se bajen para una requisa y nos muestren sus documentos de identidad, por motivos de seguridad"». Se bajaban, y a los que no conocíamos, los llevaban aparte y los interrogaban, para saber si eran infiltrados o gente común y corriente, a ver si los mataban o los dejaban ir cuando no había nada. Donde nosotros estábamos había como diez pelados, pero el más chinchecito era yo, con apenas trece años... Era como la mascota.

A veces en la noche no dormíamos, nos movíamos de sitio en sitio, teníamos que caminar de noche dos horas, tres horas y en el día estábamos en la carretera vigilando para que ningún carro se nos fuera a pasar, mejor dicho, teníamos que andar pendientes, pues si entraba un paramilitar o algún soldado infiltrado, era culpa de nosotros. Algunas veces me tocaba cocinar en el día y no podía ni bañarme, porque no nos quedaba tiempo armando minados. Combate, lo que se dice combate, no me tocó. Cuando nos estábamos tomando La Victoria preparamos una emboscada por si venía el Ejército; se nos vino fue un helicóptero que nos atacó, y nosotros le respondimos. Eso fueron tres meses; al cuarto mes me mandaron a recoger, me enviaron al campamento central.

Íbamos a las veredas, a La Paila y a San Gil, cargando el minado, lo llevábamos y lo poníamos a los lados de la carretera por si venía el Ejército; así los sosteníamos, los soldados no pasaban. Pero también nos confundíamos. Una vez casi nos damos bala con unos compañeros que no habían avisado que venían. Yo estaba de turno y de pronto, ¡uy, Virgen Santísima!, un camión. Claro, yo llamé y entonces estuvimos alerta, pero no se querían identificar. Ya nos estábamos tendiendo, hasta que dijeron que eran del ELN. Nosotros no nos confiamos, pero al fin el comandante habló y los alumbró, los vació emputado y quedaron comprometidos a avisar siempre que llegaran.

Otro día nos llevaron a la carretera central, a la carretera que comunica a Ocaña con Cúcuta; nos sacaron a un retén donde recuperamos… robamos, mejor dicho, unos camiones con víveres, y nos dieron yogures y ropa particular para que cuando tuviéramos que salir al pueblo no se dieran cuenta de que éramos guerrilleros.

Después llegué al campamento central, donde me dieron uniforme nuevo y yo entregué el arma. Luego me mandaron a hacer entrenamiento militar: cómo tomarnos una base; cuando nos atacaran, cómo replegarnos; cómo tomarnos un filo antes de que el enemigo nos ganara; cómo sacar un herido y cómo, por ejemplo, trasladar un secuestrado, un millonario, como nosotros decimos, sin que sea lesionado; nos enseñaban a cuidarlo. También nos daban clase de política; por ejemplo, por qué surgió el ELN y cuáles son sus ideales. En el entrenamiento duramos tres meses, y ya al final, en enero, nos tocó muy fuerte porque el Ejército nos tenía cercada la comida. Pudimos comer algo de fríjoles, plátano y carne de res, pero estábamos flacos y desnutridos. Nos encontrábamos en el Catatumbo y al final ya íbamos contentos, pero fue cuando nos agarraron, el 12 de enero del 2000.

Teníamos ya tres meses de estar entrenando y solo nos faltaba un día para llegar al comando central, de donde íbamos a salir todos para tomarnos la cárcel de la Picota, en Cúcuta, con el fin de liberar a unos compañeros, pero yendo hacia Las Mercedes el Ejército se enteró y nos salió adelante, en El Tarra. Íbamos once: tres menores y ocho mayores de edad, todos de particular, pero llevábamos el uniforme atrás, junto con una mina. Al principio ellos como que nos querían matar, nos pusieron en fila, pero nos salvó una señora que estaba al ladito, se metió entre nosotros y no dejó. El comandante también dijo que no, y nos cogió por las buenas, pues quería que les diéramos información. Yo sólo les comenté cómo había ingresado, y nos mostraron fotos para que identificáramos comandantes.

De El Tarra nos llevaron para Ocaña, y allá el defensor nos dijo a tres de nosotros: «Tienen dos posibilidades: irse para una casa a aprender cosas nuevas, a estudiar y seguir adelante, o devolverse para su casa». Yo me dije: «Si le digo que voy para mi casa me mandan para el calabozo, para la cárcel de menores. Mejor le digo que me voy para esa casa y luego me les vuelo». Llegamos a Bogotá pensando en volarnos cuando pudiéramos, pero la directora de la casa nos dijo muy claro

«Ustedes son unos güevones. Perdonen la expresión, pero son unos güevones; estudien, no sean carne de cañón». Nos dijo muchas otras cosas y nos hizo caer en la cuenta de la oportunidad que teníamos. Ahí fue cuando me decidí a recibir cosas nuevas, a aprender, a conocer gente nueva.

Me metí a la guerrilla porque me gustaba; me gustaban los ideales de que todo el pueblo fuera por igual, que todos estuviéramos juntos y que no fuéramos explotados por los Estados Unidos. De pronto también por el gusto por las armas y el uniforme, por sentir que yo mandaba, por las ganas de ser comandante, tener un mando. Pero a veces uno sentía que lo agarraban para arreglar a la gente a las malas y no para ayudarla. Pienso que sí vale la pena luchar por las cosas, para que la gente esté bien, pero no por medio de la violencia. Estoy de acuerdo con los ideales, pero de forma democrática. Yo los apoyo, pero con la idea de que hagamos puentes, que cambiemos el estilo político, que escuchemos a la gente, eso sí, pero no con las armas, eso ya no; no es justo que gente inocente caiga cuando no debe nada.

Ahora en el colegio a veces tratamos temas políticos; hablan de los guerrilleros y yo de pronto me meto y los defiendo, incluso el profesor me pregunta que yo por qué sé todo eso y le digo: «Profe, es que a mí me gusta estudiar los ideales de la guerrilla, y no solo de la guerrilla sino de todo el mundo. Veo televisión y leo revistas y libros». Hice un ensayo sobre niños desvinculados del conflicto; la idea central era cómo sacar a los niños, cómo desvincular a los jóvenes del conflicto armado. Al profe le gustó mucho; yo le dije que había conseguido la información en Bienestar Familiar.

Creo que la paz no es posible pronto en este país. Ahora están todos como en una extensión, se están fortaleciendo más, armándose para la guerra. Pienso que la paz viene primero de cada uno, que cuando cada uno quiera hacer la paz, la hace; de lo contrario nunca llegará la paz, y nunca la habrá, si no hay voluntad. Ahora lo que va a recrudecerse es la guerra, pues ambos grupos quieren dominar los territorios de la coca y a la gente, y cada grupo busca la forma de incrementar el número de hombres.

En este programa me siento como en familia. Me han acogido muy bien, de verdad; me han dado amor y aprecio. Me han enseñando a valorarme, a ser autónomo, a decidir por mi propia cuenta, no que otro me diga las cosas. Y me han enseñado a que también ayude a los demás; voy a enseñar lo que aprendí a los demás jóvenes que lo necesitan, por eso he tomado la decisión de estudiar psicología, porque también me gusta, y además tengo algo que lleva a que, en las instituciones en donde he estado, los muchachos se me acerquen, me cuenten sus cosas y me pidan ayuda, y uno muchas veces los ayuda correctamente, los orienta.

Aquí al principio uno llega y lo acogen, le explican las normas, como por ejemplo cumplir con el aseo, ir a estudiar, aprovechar al máximo las capacitaciones que le dan, tender su cama, cepillarse y estar bien vestido; no faltarles al respeto a los mayores y no pelear con los compañeros. Aquí uno cruza tres fases: la primera es la incorporación al grupo, como la acogida. La segunda cuando uno empieza a tener autonomía y hay encuentros: nos reunimos para tratar los problemas y las cosas buenas, los avances; como decir aprendí a sumar, por ejemplo, lavé mi toalla hoy, peleé con tal compañero y lo invito a que nos reconciliemos. Y uno tiene diálogos con el psicólogo. En la fase tres ya es como terminando, la persona es autónoma, independiente; es capaz de hacer las cosas por sí sola y la ayuda ya casi como que no la necesita, pero tiene todavía un brazo que lo ayuda. Luego viene el paso a las casas juveniles. Mañana salgo para allá.

No siento nostalgia por irme, porque es un paso adelante en la vida. Pienso que así como tuve las agallas para ser un líder negativo, ahora tengo posibilidades de hacer otro tipo de cosas. Y pienso que no es que sea necesidad de tener uno solamente estudio; lo que uno debe tener es conocimiento, ganas y poner mucho empeño. Como lo de la panadería que vamos a montar.

Espero seguir estudiando, ya hablé en la universidad y es posible que no me cobren. No dije que era desvinculado sino que venía de un programa de Bienestar Familiar. Me dijeron que era probable que pagara poco, o que de pronto me becan si saco buen resultado en el Icfes.

Como no puedo ingresar este año a la universidad, lo que queda del año lo aprovecharé en la panadería, para ubicarme bien; después le digo a mi familia que se venga y que mi papá se encargue del negocio mientras estudio.

Quiero decirle a la sociedad que nos acepte, que mire lo que nosotros estamos haciendo, que no somos personas malas, que tenemos muchas cosas buenas y que las estamos haciendo ahora. La gente dice que los guerrillos son matones y que no sé qué más; o sea, lo siento porque en el colegio hacemos debates y se siente ese odio. Dicen: «¡Uy, si yo veo un guerrillero aquí le echo la Policía o lo mato! Los guerrilleros son matones y secuestradores». Y yo digo: «Virgen Santísima, si se llegan a dar cuenta de que vengo de allá, me acaban».

Nosotros convivimos juntos exguerrilleros y ex paramilitares, incluso soy amigo de varios de ellos. Es que ya no somos ni paramilitares ni guerrilleros; somos jóvenes desvinculados, somos muchachos normales. Ya no siente uno que se tiene que matar con los otros. Ya no le cargo nada a nadie. Si llega un compañero de las AUC, de los paramilitares, bienvenido sea, hermano; si viene a cambiar, que sea para bien. Ya no me tengo que matar con nadie.

Javier, quince años después:

«Nos dieron la oportunidad para volver a empezar»

*E*se adolescente descomplicado y alegre se convirtió en un profesional seguro, echado para adelante. Este adulto reflexivo y responsable que es hoy no ha perdido el optimismo y el empuje. Con él mantuve contacto durante varios años, pues pasaba de vez en cuando por la oficina de la revista* Número, *donde yo trabajaba. Exploro en mi antiguo correo electrónico, encuentro su dirección, le escribo, responde. A los pocos días retomamos la conversación con naturalidad, como si la hubiéramos suspendido ayer.*

Javier, ¿cómo ha sido la vida en estos quince años de proceso de reinserción?

Pues en realidad me ha ido bien. No ha sido tan fácil pero se han logrado muchas cosas. Ya tengo una estabilidad, tengo una casa, tengo mis cosas, tengo un trabajo estable; trabajo para una excelente compañía. Por el momento me desempeño como técnico encargado. Lo importante es que me estoy moviendo constantemente, pues a raíz de mis conocimientos he ido a apoyar otras zonas y, si Dios quiere, el próximo encuentro sería ir a Bogotá a hablar con la gerencia, pues aquí se está dando un progreso muy bueno en tipo de vivienda y hay bastantes proyectos; a ver cómo nos capacitamos para generar más trabajo.

¿Qué pasó luego de salir de las casas juveniles hace catorce años? Con su amigo Iván tenían el proyecto de una panadería y estudiar en la universidad.

Al salir de las casas fue encontrar otra realidad. Es muy diferente estar en un tipo de casa especial, donde usted lo tiene todo, y pasar a encontrarse una realidad en la que si usted quiere comer o tener algo, tiene que ir a buscar de qué forma genera ingreso para poder subsistir... Mi amigo Iván se acuerda a veces de lo de la panadería, y se pone a hacer un pan.

¿Fue duro ese encuentro con la realidad?

Duro no, porque las herramientas las he tenido y he tenido buenas habilidades para tener buenos contactos. Terminé enamorándome de los ascensores y de las escaleras eléctricas.

¿En algún momento tuvo tentación de volver a la guerra?

No. No, no, no. Uno tiene sus ideales pero al final comprende que todo es un negocio. Que los de arriba disfrutan y el que está abajo siempre va a ser el esclavo; el que va a poner los muertos, va a perder la familia y su tiempo. La verdad es que nunca he pensado en esa situación.

Poner los pies en la tierra.

Sí, eso es muy difícil, aunque uno llega a creer que los problemas solo los tiene uno. Todos los tenemos, lo importante es aprender a sobrellevarlos. En mi caso siempre he considerado que las oportunidades las he tenido. De pronto mis viejos no pudieron darme todo lo que yo quería, pero me dieron lo más importante, que fue aprender a leer, escribir y sumar. A mi mamá le agradezco lo poco que me enseñó; eso me ha ayudado mucho. Esas son las cosas que uno empieza a agradecer.

Usted entró muy pequeño a la guerrilla, cuando tenía 13 años. ¿Qué piensa ahora de esa época en que fue guerrillero?

… Yo me mantengo en lo que le voy a decir. Yo entré allá más que todo por ideales, creí que el comunismo era eso que cualquiera quiere; que todo el mundo pueda tener oportunidades, que todo el mundo pueda tener igualdad y esas cosas aún las mantengo. Pero nunca mantuve en mis planes generar violencia, matar a otro por una idea. O ir a quitarle algo a alguien por proteger un ideal.

Usted decía, cuando hablamos por primera vez, que las experiencias con la guerrilla y el proceso de reinserción le ayudaron a formarse.

Sí, claro. Eso ha sido fundamental. Si lo vemos ahora desde el punto de vista de mi trabajo, yo soy el responsable de dos centros comerciales donde se transportan muchas vidas humanas; y no sólo los centros comerciales, sino los edificios donde estoy; el que responde por toda la zona soy yo. El compromiso sigue siendo el mismo, la responsabilidad es mayor porque las expectativas son mayores.

En sus manos está preservar vidas humanas.

Sí, de muchísimas personas; niños, adultos, viejos. Cuando se suben a unos de mis elevadores a los que les hago mantenimiento, ellos están confiando en que mi trabajo está muy bien hecho, y el de mi equipo de trabajo, porque hay ocasiones donde uno tiene que enviar personal para hacer el trabajo, porque solo con mi compañero no alcanzamos a hacer todo.

¿Cuál es el balance del proceso de reinserción que vivieron ustedes, fue positivo, les cumplieron lo prometido?

En realidad no es bueno, ¡sino muy bueno! Creo que lo más importante, independiente de si nos dieron casa, beca y todo lo que nosotros pedíamos; lo más importante fue que la comunidad, el gobierno a través de las instituciones como Bienestar y otras como Usaid y el Cerlac, entre otras que recuerdo —hay mucha más gente que nos dio su confianza—, nos dieron la oportunidad para volver a empezar. Para mi concepto fue una gran labor, hecha con esfuerzo. Sé que en mi trabajo hay mucha gente que no conoce mi historia; pero que si yo les llegara a contar, no van a decir que no me van a dar la oportunidad o no van a seguir confiando en mí. Lo que veo ahora es que muchos jóvenes tienen problemas de droga o de alcohol. Nosotros, la mayoría de los que estuvimos allá, nunca tuvimos esos problemas; estábamos allá por ideales, por falta de amor de las familias, o por indiferencia de las familias, cosas que con el tiempo, gracias a Dios, se han sabido superar. Con varios de los muchachos he tenido contacto, nos hablamos y cuando estoy en vacaciones trato de ir a visitarlos. Mi amigo Iván está muy bien, tiene un buen trabajo y un excelente hogar; otra amiga es una profesional en la parte social y tiene un niño. Si hacemos un balance de mis muchachos, los que crecimos dentro del proceso, creo que la mayoría estamos bien.

Usted conserva su espíritu alegre, emprendedor.

Ja, ja, ja, jamás en la vida lo voy a perder. Ese es el fin de mi vida y jamás lo voy a botar por ahí.

¿Tiene buena relación con sus padres, con su gente?

Pues ahorita con mi mamá y con mi papá ya estamos bien. Considero que cada uno tiene que volver a su sitio, encontrarse con su gente, regresar a la zona en donde estaba. Con la gente del pueblo donde yo vivía nos hemos encontrado bien; la gente se alegra de verme. No ven a un monstruo sino a una magnífica persona, que ha tenido la oportunidad de ayudarles a hacer vueltas personales, laborales; se sienten contentos de verme, de lo que soy ahora.

¿Varios de ellos saben que usted pasó por la guerrilla?

Sí, la mayoría de la gente del pueblo sabe lo que yo fui, que una vez me equivoqué pero que tuve la suerte de enmendar mi error.

A usted le ha ido bien con la gente, ha encontrado buenas personas en la vida.

Yo nunca he encontrado malos amigos, siempre encuentro los buenos y sino yo los convierto en buenos, qué hijuemadre (je, je).

En aquella época decía que lo fundamental no era el estudio, aunque lo consideraba importante, que lo clave era "tener conocimiento, ganas y poner mucho empeño", ¿aún cree esto?

Todavía lo digo y le voy a decir por qué. Mire que yo trabajo en esta cuestión de ascensores y eso yo lo he aprendido empíricamente. A mí me han dicho que fulano es malo y yo no como cuento; yo me le meto, yo soy el mismo con quien sea, yo le digo, «bueno mano, usted viene aquí a enseñarnos o a qué vino; vino a pelear conmigo o vamos a trabajar».

De hecho he tenido pruebas. Hubo gente envidiosa que dijo que yo no trabajo, que soy vago. Así que como para probarme, con la excusa de hacer un cambio de cadenas de paso, vino un jefe muy exigente. El trabajo que íbamos hacer era para cuatro días; en tres días lo sacamos con él y con otro muchacho. Ese señor quedó tan contento que nos invitó a tomar unas cervezas, pero tuve cuidado, porque mi mamá siempre me decía: «Con el jefe no se toma trago». Me contó entonces lo que había dicho otro empleado de mí y me dijo: «Tengo que admitirlo, usted está haciendo un trabajo óptimo; me voy muy contento, le voy a dar toda mi confianza y cualquier cosa no dude en llamarme». Yo le respondí: «Jefe, usted está cometiendo un error, porque yo para llamar soy como un fosforito y ante cualquier inquietud no dudo, yo lo voy a llamar». Me dijo que lo hiciera.

¿Dónde trabaja saben que es reinsertado?

Creo que no saben, pero si algún día lo llegaran a saber, pues les diría que es parte de mi pasado. La gente ve un Javier que es alegre, un poco loco, que le encanta molestar. La gente de los centros comerciales y de grupos sociales me conocen; yo los saludo, saben que vengo a trabajar, que mi trabajo es bueno, y cuando no estoy me extrañan. Considero que no esperarían eso, pero que si lo llegan a saber lo entenderán y me apoyarán.

Cuando tuvimos las primeras entrevistas, hace más de una década, decía que la paz no era posible en ese momento en el país. ¿Ha cambiado de forma de pensar, piensa que el actual proceso de paz si es positivo?

Lo que yo he entendido y sigo diciendo es que la paz no es de la guerrilla, no es del gobierno, la paz es de cada uno de nosotros. De pronto hay una disminución de la guerra si las FARC deponen las armas, pero hay que recordar que todavía hay dos grupos armados vivos que son la guerrilla del ELN a la cual yo pertenecí y el EPL; ellos son fuertes.

El ELN ha resistido las ofensivas y el EPL, a pesar de haber perdido su segunda cabecilla que era Megateo, ya tiene otro. Hace poco hicieron una ofensiva contra la coca; ellos no estaban protestando para llegar y sembrar; estaban protestando para que la gente entre en conciencia y empiece a cultivar y haga su propia cosecha para comer, porque ahora no quieren sembrar sino que quiere comprar. Ellos tienen esa ofensiva que es el siembre; siembre para más adelante comer de lo que se siembre.

Usted hablaba en aquella época de la necesidad de estar en paz consigo mismo. ¿Piensa que primero hay que hacer un proceso individual o paralelamente con el individual el social?

Correcto. Si usted no perdona a los demás, y no pide que lo perdonen, ¿cuándo va a cesar esa violencia? Jamás. Porque si yo guardo rencor, voy a seguir con las mismas; yo mato al que mató a mi tía, a mi familia y resulta que el sobrino al que le maté al tío va a venir por mí y luego mis hijos van a venir por él y va a seguir la ola y nunca va a cesar.

Si uno no empieza perdonándose uno mismo, no va a perdonar a los demás y jamás va a haber una paz verdadera. Uno va creando conciencia, la gente se está cansando y está pensando que la guerrilla no es el único método; ha costado mucho y hasta ahora se está ejecutando, pero ahí vamos. Yo creo que puede haber paz cuando uno empieza por uno mismo.

¿Piensa que la experiencia de reinserción que vivieron ustedes puede servir para aplicar al actual proceso que se está haciendo con las FARC?

Yo pensaría que sí, pero no hay que dar sólo el pescado sino enseñar a pescar. Mientras está en el proceso uno necesita dinero para sostenerse, la alimentación y lo demás, pero mientras uno estudia es necesario también una guía para aprender a moverse en la vida y en el trabajo.

Yo me he mantenido como el mismo loco de siempre, pero me he fortalecido, me he llenado de más responsabilidad, de más tranquilidad con la gente, de poder salir y caminar y saber que no le debo nada a nadie. Deseo de corazón que las personas que hayan visto el punto de nosotros y nos dieron la oportunidad a mí y a mis compañeros, que se la den a los nuevos muchachos que vienen, a las nuevas personas que se van a desmovilizar de la guerrilla, y que no los tilden.

No quiero decir que todo es una maravilla, que yo salí a trabajar de una. No, no es nada fácil, todo ha sido ganado; hay que salir a buscar, las oportunidades se han de aprovechar. Pero la gente tiene que entender que esto es un proceso y que si todos no nos involucramos y no vamos a dar ese chance, jamás vamos a llegar a ningún Pereira.

Esto es un proceso que es de corazón, las personas que están trabajando por esto lo hacen con ganas, con verraquera y nosotros, a quienes nos dieron la oportunidad, hemos sabido aprovecharla. No podemos maquillar y decir que todo es bonito; tienen que saber el lado malo de lo que hemos pasado, las hambres que se han aguantado; que las dificultades, que las filas, que el proceso, que hay que aprender, que si no aprende lo echan y otras cosas muchas más que pasan.

De esa época me acuerdo de Marinita Valencia, del Cerlac, que tanto nos ayudó, y de Julián Aguirre, de Bienestar. Con el que me veo es con Juan Manuel Luna, de la OIM, a quien aprecio como a un hermano; cuando voy a Bogotá, si no me veo con él, es como ir a Bogotá a nada.

Para terminar el proceso de mayores a mí me falta hacer labor social, pero creo que es más útil, en lugar de ir a pintar una escuela, montar un proyecto de mi proceso. Quiero ir a los colegios más jodidos a exponer mi cuento, a exponer mis vivencias. Porque de lo que se trata es de decidir si queremos seguirle metiendo leña al fuego o queremos sacarle leña al fuego. A la gente hay que enseñarle que no todo es violencia, que hay otros caminos.

7

«Estudiaba y aprendía con el cuchito secuestrado»

Cuando conocí a Pedro era tímido y huraño. A la primera pregunta respondió en forma fuerte: «A usted ¿por qué le interesa saber eso?».
Le volví a explicar qué estaba haciendo y estuvo más calmado, pero era introvertido y casi no comienza a hablar. Cuatro meses después lo volví a encontrar. Estaba alegre, era de los más veteranos que quedaban en la casa que habitaba; se le veía relajado y tranquilo. Lo que más le gusta en la vida es escribir canciones.

Entré a la guerrilla casi sin darme cuenta. Trabajaba en la finca de la mamá de mi padrastro, pero estaba aburrido, me sentía solo y rechazado por parte de los familiares de él; no tenía allá a mi papá ni a nadie. Una noche nos fuimos a una fiesta y me emborraché. Dije: «Como nadie me quiere me voy para la guerrilla, y si me matan, que me maten». Los guerrilleros estaban por ahí, y de la misma borrachera que me pegué, al otro día amanecí enguayabado y no encontré más solución que irlos a buscar para pedir el ingreso. Estuve con ellos dos años. Quería experimentar otra cosa, siempre me han gustado las armas: portarlas, disparar, utilizarlas; si veo un palo, darle, pero jamás tirarle a una persona, mientras que allá sí me tocó; no a gente civil, sino cuando teníamos enfrentamientos.

En la guerrilla prestábamos guardia y hacíamos de comer. De resto era entrenamiento todo el tiempo, asear el campamento y hacer las caletas para dormir. En las peleas no me tocaba ir directamente. Me mantenía retirado porque yo era antiaéreo, tenía que cascarles a los aviones; era de buenas por eso, pero si uno se descuidaba, lo cascaban los aviones, porque pasaban bombardeando y rafaguiando. Nosotros les cascábamos a los aviones con fusil perilla, FAL y AK-47. El

AK-47 tiene una balita chiquita, pero alcanza a pasar un riel de ferrocarril, que es de hierro. Un tiro de un AK-47 traspasa siete paredes, esa es un arma rusa, soviética. En la guerrilla cada uno tiene que responder por su arma. Perderla es un delito gravísimo; si uno bota el arma lo pueden fusilar.

Me tocó cuidar secuestrados. Eso es muy triste, sobre todo los primeros días, porque llega la gente y está muy achantada. Recuerdo a unos cuchitos que nosotros no amarrábamos. Yo me fui relacionando con ellos, charlábamos, jugábamos naipe, ajedrez, parqués, toda esa clase de juegos. Uno de ellos era muy estudiado, me estaba enseñando inglés, química, de todo; aprendí mucho con él. Después nos llevaron televisión y nos tenían mejor que a un ricachón, viendo televisión por Sky. Como estábamos trabajando dos frentes, el 17 y la columna móvil Teófilo Forero, entonces el Sky y el televisor los puso el 17 y la comida y todo lo otro la Teófilo; así la pasábamos lo más de bien.

Recuerdo que en un enfrentamiento, antes de que me palabriara mi papá —porque mi papá también estuvo en la guerrilla, pero a él lo mataron porque desertó—, tiramos morterazos y cayeron unos a los lados de un puesto de Policía, otros en el centro, otros en Telecom, que quedó destruido, y estaban diciendo que había civiles muertos. Pensé: «Uy, la embarré. ¿Qué fue lo que hice?», pero ya estaba hecho, qué se podía hacer.

Me salí de la guerrilla más que todo porque estaba enfermo. Estuve en un curso de entrenamiento, el más duro que me dieron, y caí mal, casi me parto la columna; me empezó un dolor que no se me quitó; a lo último ya no podía cargar nada. Allá me daban pastas, pero nada concreto. Entonces pensé: «Como aquí no me dan nada, no tengo más qué hacer». Un día me mandaron por la fuerza a hacer una vuelta y ¡me dio una rabia! Le pedí a Dios, le dije: «Señor, Dios mío, ayúdame a salir de acá», le rogué y lloré —recuerdo que lloré en un palo—, le prometí que cuando saliera de allá me volvería evangélico; le prometí tanto, que no me acuerdo. A los quince días yo estaba por ahí sentado en una mesa y llegó un señor a tomar y a fumar cigarrillo. Hablamos y me preguntó que si estaba aburrido, que si estaba de acuerdo con que las FARC tumbaran torres eléctricas. Le dije que no porque le estaban haciendo daño al campesino y a toda la población, y al Estado no le están haciendo nada, porque la plata para repararlas sale del bolsillo de los campesinos y de los usuarios de la energía. Además le conté que estaba enfermo. Me dijo que si quería desertar, él me ayudaba; me dio 10.000 pesos y la dirección de una casa a dónde llegar. Esa noche me pegué otra borrachera y me fui para esa casa. Al otro día, como a las nueve de la mañana —recuerdo que era domingo porque estaba viendo en la televisión «La Pantera Rosa»—, llegaron unos tipos y me dijeron: «¿Usted es Pedro?», me visitaron un rato y me hablaron. Después seguí mirando televisión, limpié la pistola, dejé por ahí dos granadas de mano que me iba a traer pero me arrepentí. Cuadré bien la pistola y la puse en el chaleco, cogí el mortero, le zampé una patada y lo mandé debajo de un mueble. Luego salí con una peinilla, di vueltas, regresé, me fui cantando por ahí, haciéndome el normal, cortando palitos, y en una de esas me fui por la carretera, me espanté a correr; después seguí al paso, y como llevaba una sudadera me la puse. Me aparté más, por temor a que me cogieran y me cascaran. Luego fui tan conchudo que me acosté debajo de una mata de café; después de descansar un rato me paré, fui a una casa, pedí agua y que me prestaran ropa, pero no me la quisieron prestar. Más abajo llegué a otra casa y allá

sí me dieron unas botas y un buzo; me cuadré todo bien
ahí. Al salir vi una camioneta y le pedí al chofer que me
llevara, luego miré un militar y dije: «Me agarraron, aquí
me cogieron», pero no pasó nada. Lo único que hacía era
rogarle a Dios. Seguimos y más adelante había un retén del
Ejército, y como yo no cargaba papeles pensé: «Aquí me
dejaron». Le volví a rogar a Dios, le rogué que no fueran a
requisar la camioneta. Llegamos, yo estaba muy nervioso,
y el que estaba de turno miró y dijo: «Sigan», y anduvimos
hasta llegar a Neiva.

Tengo 16 años. Soy opita, del Huila. Vivía en el campo
con mi mamá, mi padrastro y mis hermanos; tengo seis
hermanos. Estuve en la casa, estudiando, hasta los doce años,
cuando me volé la primera vez. Mi mamá es evangélica y
yo fui evangélico hasta esa edad, entonces las amistades me
endulzaron el oído y me volé de la casa. Fui a parar a Neiva,
a la capital, pero de allá me devolví a mi pueblo y me puse
a trabajar. Me volé de la casa no porque estuviera aburrido,
sino porque en la vida he sido muy loco; a mí me dicen algo
y si miro que me gusta tantico, de una vez arranco. Cometí
varios errores, pero gracias a Dios ya he podido levantarme;
espero no volver a caer en el hueco.

Estoy aquí porque el destino lo quiso así. He sido de
buenas, tengo tantas cosas que agradecerle a Dios; a ratos
me aburro acá, pero sé que me lo merezco, porque Dios me
ha puesto aburrimiento para que cumpla lo que le prometí,
porque le prometí que me iba a volver evangélico, que le
iba a sacar canciones a Dios, pero no le he cumplido nada.

Bueno, después de desertar duré quince días lo más de
bien en una casa, hasta que una señora dijo: «Pilas que llegó
un guerrillero», y me mandó decir que me cuidara porque
el marido de ella era soldado. Yo dije: «Más bien me voy a

entregar ya», y me puse a llorar, me desesperé y no comí. A los dos días, a las siete de la noche, salí a caminar. Me senté por ahí a mirar pasar carros, cuando vi una patrulla. Me acerqué y les dije a los soldados: «¿Será que ustedes me pueden ayudar a conseguir trabajo? Es que yo no puedo regresar a mi casa». Me preguntaron dónde quedaba mi casa y yo les contesté que en el campo. Seguimos hablando, hasta que uno me preguntó si yo era desertor. Le dije que sí, entregué la pistola, me montaron en la camioneta y me llevaron al calabozo, a una celda; lo peor fue dormir en un pedazo de cemento.

Eso fue hace poquito, como cuatro meses. Me hicieron entrevistas y preguntas, después me metieron a la correccional y ahí duré nueve días. Llegaron y me dijeron: «Alístese», cuando, praquin-praquin, me pusieron unas esposas. Me llevaron para Medicina Legal a hacerme exámenes. Yo allá le eché más de un madrazo al policía que estaba conmigo; no entendía por qué me trataban así, si yo me había entregado. Descansé cuando me quitaron las esposas. A los dos días me dijeron: «Guerrillero, alístese que se va». Al principio me asusté, pero luego me calmé cuando me contaron que quedaba a disposición de Bienestar Familiar. Me llevaron para Bogotá y de allá me trasladaron a un hogar en otra ciudad. Cuando llegué dijeron: «Aquí le traemos al chino que viene del Huila». Me dieron abrazos y piquitos para allá y para acá, de bienvenida. Me llevaron para una casa que era como una finca, y de pronto me quitaron los zapatos, las medias y me pegaron una mojada de bienvenida.

Pienso que estar en la guerrilla es una experiencia que uno tiene, algo que nos ha pasado a más de uno. Fue bueno experimentarla para que de pronto de aquí a mañana los hijos de uno no vayan a caer en ese error, ni muchas personas, ni muchos amigos que uno tenga vayan a caer, y poderles decir, ya con la experiencia de uno, que allá se arriesga la vida. Claro que no voy a decir que la guerrilla es lo peor, porque no es cierto; allá sí tienen ideología, tienen cosas buenas, lo único malo es que por darle duro al Estado le cascan al pueblo y por eso es que los tratan de terroristas. La ideología de la guerrilla es la toma del poder para el pueblo, que haya una igualdad para todos. ¿Y dónde ve uno eso con el Estado? Lo que uno ve es desempleo. Desempleo aquí y allá, y ¿quiénes son los que tienen toda la plata? Otra cosa: a Colombia no la está mandando el presidente de acá, a Colombia la está mandando Estados Unidos. ¿Y quién es el dueño de todo el petróleo, quién es el dueño de las grandes empresas de acá?: Estados Unidos. Casi todas las empresas del país están vendidas, y ¡tanta riqueza que tiene Colombia! Por eso es que los guerrilleros pelean, pero ellos tienen de malo que por llegar y cascarle a una base o por darle a un puesto de Policía matan civiles; eso de una vez se vuelve polémica por las noticias, llegan y dicen que las FARC son esto y lo otro, por televisión, por radio y por periódico, mientras que eso no es así. No es que uno diga que todos los días van a meter mentiras, porque a veces hay un combate y dicen: «Mataron diez guerrilleros», y lógico, los guerrilleros mueren, pero tampoco en las cantidades que dicen. Cuando hubo una toma por los lados del Caquetá, dijeron que habían matado a 100 guerrilleros y apenas habían muerto cinco. Entonces uno se pregunta: «Pero ¿dónde están los cuerpos?», ni siquiera los muestran. A veces los muestran, pero son de soldados que han muerto; así ha pasado. Algunas veces es cierto, porque cuando mataron a seis compañeros que eran del frente donde yo estaba, sí los mostraron, y mostraron el armamento; en eso no se equivocaron. Lo que pasa es que al Estado y a los ricos, que son los dueños de los medios de comunicación, no les sirve que las FARC tomen el poder, por eso ellos les pagan o atemorizan a los periodistas para que pasen noticias diciendo que a las FARC les dieron duro acá o allá y que mataron tantos campesinos en no sé qué parte.

Allá en la guerrilla lo que más le enseñan a uno es política: estrategia, ideología, economía, historia; por ejemplo, cómo peleó Bolívar, cómo peleó el Che Guevara, qué está haciendo Fidel Castro, cómo empezó la guerra en Rusia, cómo fue que los vietnamitas derrotaron a los estadounidenses, cómo empezó la revolución en China, todo eso.

En Colombia no es fácil que haya paz. Tal vez el Gobierno colombiano pueda hacer la paz. Si aquí se pusieran de acuerdo los de nuestro país para hacer la paz, la harían. Claro, duraría un poconón de tiempo, trámites de allá y de acá, y ahí habría paz. Lo que pasa es que a los Estados Unidos no les conviene que haya esa paz, porque entonces van a ponerse de acuerdo la guerrilla y el Gobierno y van a montar un poder de acá, y eso no les sirve; no podrían seguir sacando el petróleo y la cocaína. Ellos dicen que la guerrilla es narcotraficante, pero allá es donde más consumen droga.

A ratos me pongo a pensar que por qué nos matamos entre hermanos, nosotros mismos, por culpa de los Estados Unidos. Ellos no hacen más que mandar helicópteros y armamento para que nos matemos.

Pedro,
quince años después:

«Ayudemos al proceso de paz... sería un paso grande»

*D*espués de más de una década de haber publicado el libro, fue al primero que encontré, de los once niños que aparecen en él. Gracias a que hace años cruzamos algunos correos electrónicos, logré encontrar su número celular en un mensaje antiguo. Por suerte, no lo había cambiado.

Se siente que es un ser humano alegre, echado para adelante, curtido por duras experiencias. Se dedica a los medios; le gusta hacer cine, televisión, radio. Marina Valencia, quien en el 2002 estaba al frente del programa de artes para los niños desvinculados del conflicto, recuerda: «La primera vez que agarró una cámara de video, su rostro se transformó, y quedó enamorado del video. Él es una persona muy sensible». Ahora él tiene 30 años de edad y 4 hijos. Trabaja en un medio de comunicación. El documentalista Diego García Moreno, quien en el 2015 ofreció un taller en el que participó, tiene buenos recuerdos de él: «Un pelado pilo, encarretado con lo audiovisual, muy sensible. Participó en dos películas, en una como actor —buen actor—, y en otra como asistente de dirección. Sentí que era una de las personas a quienes más le iba a servir ese taller».

¿Qué piensa del programa para niños desvinculados del conflicto en el que estuvo hace más de una década?

Sirvió en lo del estudio, la capacitación y el apoyo. Pero cuando cumplí dieciocho años me llevaron para el centro de reinserción. De allá me sacaron, porque el tiempo ya se había cumplido, pero no me dieron plata ni nada. Había como una mafia, como una cadena. Contrataron una empresa para que ayudara a montar los proyectos de varios muchachos, pero nos juntaron como les dio la gana y fue una pérdida porque no funcionó. En la cuestión jurídica sí nos exoneraron de todos los delitos y quedamos como si no hubiéramos cometido nada.

¿Qué hizo entonces al salir del programa, ya que no pudieron montar los proyectos en que venía trabajando?

Al salir de la casa juvenil me fui para donde un tío, y luego me vine para acá, donde ya llevo once años. Gracias a Dios he tenido para mantenerme, y como no son muy caras las cosas acá, voy adelante. He aprendido de televisión; tuve oportunidad de trabajar en el canal local, y en las emisoras. Ahora terminé una capacitación del Ministerio de Cultura que tiene que ver con lo audiovisual (*Imaginando nuestra imagen*); arrancar desde una idea, montarla y hacer la película. Ya hicimos la edición de dos películas, que esperamos que no se queden por ahí guardadas, sino que podamos mostrarlas… Que más le cuento… Me ha tocado hasta echar pala y machete, pero ahí vamos. No nos hemos muerto todavía (*ríe*).

¿No le ha dado tentación de volver a la guerra?

Mira que no. Uno sale con su vaina, con su cosa y sí, bacano las armas, una chimba tenerlas, usarlas. Pero no pienso en eso; ahora la cuestión jurídica está muy tenaz. No todas las veces caza el tigre. Ya somos mayores de edad y si me llegan a coger ya no me van a consentir como a niño bonito sino que me van a encerrar cuarenta años. Prefiero seguirla así. Me he esforzado en hacer algo en la vida. Con la capacitación y el estudio voy avanzando. Me he capacitado, he aprendido cosas empíricamente, he estudiado también en el Sena, he aprendido cuestiones de radio, de video, de locución, y esa es la vida mía, es lo que me apasiona y lo que me gusta.

¿Qué piensa del actual proceso de paz con las FARC?

¿Este proceso de paz? —*Se queda en silencio. Me mira a través de la pantalla, piensa, se ríe*—. Para mí, el proceso de paz… ummm… je, je. Desde el punto de vista mío los que salen ganando son, como siempre, los grandes; los que están relajados, porque el que pone el pecho, el pequeñito, es como esa hormiguita que ya no sirve. Los que están bien son los comandantes que entregaron gente y armamento; ellos sacaron su tajada, y ¿los otros?; los pelados que fuimos, que cooperamos, que tuvimos la voluntad, los que abrimos la boca y quedamos como sapos, ¿para qué? Arriesgamos nuestra familia, arriesgamos la vida de nosotros, y quedamos sin un peso. Cuando salí me tocó ir a donde mi mamá a pedirle que me ayudara a solventar las cosas.

La paz sería buena, pero paz no va haber; tal vez las FARC dejen las armas, pero no solamente hay esa mente rebelde o criminal en Colombia; somos millones de colombianos, y unos entregan las armas y otros están dispuestos a volverlas a coger. Supuestamente acabaron el Bloque Nutibara, se acabaron los paracos, los Centauros, los de Medellín, el Bloque Tolima. Se acabaron esas y quedaron las Bacrim, que es lo mismo; las Águilas Negras, que es la misma joda.

Y los otros. ¿Qué pasó con el M-19? Se entregaron; a unos los mataron y los que están bien son Navarro Wolf, Petro y los que fueron comandantes en esa época y supieron manejar la cuestión política. Las otras cabezas, ¿dónde están? Muertos. Los fueron matando en el camino.

Pero no descartemos; ayudemos al proceso de paz, hay que ayudarle al Presidente a ver si de alguna manera logra dar ese paso. Sabemos que siempre ha tenido su piedrita en el zapato que es el Centro Democrático, porque ellos no quieren que entren más de izquierda al Senado, porque con esa contraparte se les va a poner más duro. La paz sería un paso grande, y trabajar en el medio económicamente también, porque son miles de millones que van a destinar para eso.

Si se logra la firma se va a bajar un poco el índice de los secuestros; no se va a quitar en su totalidad. Porque el grande trata de comerse al pequeño, y el pequeño a no dejarse. Entonces el pequeño busca herramientas para neutralizar al grande. Se bajará la taza de asesinatos... Lo de la droga si no sé cómo sería. Usted sabe que es una mafia de los grandes, y como Estados Unidos es el mayor consumidor, y mientras Estados Unidos financie la guerra contra las drogas, y mientras tengan las narices metidas aquí en Colombia, no creo que se haga mucho por ese lado.

Parece que ha pensado sobre estos temas.

Imagínese. Hace como quince años fue que nos entrevistamos. Tenía quince cuando nos entrevistamos.
Ya tengo treinta cumplidos. Siempre me han gustado
las raíces nativas de uno, los ideales, no dejarlos. Ahora
pienso que es mejor utilizar un cuaderno y un esfero
y la buena expresión de uno, que un arma y la fuerza.
Uno con un arma se siente grande y todo el mundo le
copia, pero así mismo le andan buscando la caída para
acabarlo a uno.

¿Recuerda a veces la vida guerrillera?

Sí claro, cada rato la recuerdo, como si hubiera pasado
ayer. Momentos bacanos que vivió uno por allá; momentos tristes donde uno vio desaparecer compañeros.
Hoy en día, gracias a Dios, ya superé el trauma que me
causó eso. Uno de doce, trece años, ver a un compañero
ahí muerto al lado es terrible. Lo que le meten a uno
en el cerebro es que el Estado es malo, que el Ejército
y la Policía son malos; todos son malos. Uno sale con
ese rencor y ve a un policía y quisiera acabarlo y ve al
Ejército y le carga bronca o mira a un man del Estado
y dice ese es un ladrón, un matón. Gracias a Dios, a las
convivencias que he tenido y al apoyo de mi mamá, he
podido entender que siendo uno bien en la vida tiene
ventajas en todos lados. La acogida de la gente es la que
ha ayudado a que me fortalezca y a que esté en este rol.
Errores he cometido sí; como todo ser humano, el que
no tiene un vicio tiene otro je, je.

**En el medio en que trabajas, ¿saben que estuviste en
la guerra?**

Sí, yo les comenté. Y me han apoyado. Me han acogido. Lo que he aprendido en esta vida es que uno debe ser bien, recto en las cosas. Los problemas los tiene, las equivocaciones las tiene uno en la vida. Lo que he aprendido es a no quedarse uno en la equivocación sino a superarla. Y no ir a cometer los mismos errores. Mantener una distancia con eso que lo hace caer a uno. O mejor, si sé que por ahí me voy a caer, ni paso por ahí para no caerme. Hay palabras, cosas que uno dice o actitudes que ofenden a los demás, entonces es mejor dejarlas en la casa. A veces pueden hablarle a uno de cosas tenaces, que le duelen en la vida pero entonces uno conserva la calma… Claro, tuve antes un percance que me llevó a la cárcel. Allá aprendí a tener mas huevitos.

¿Cómo fue esa experiencia?

Recién salí de reinserción conocí unos manes que me dieron yerba, y detrás de eso conocí el bazuco. Yo era pelado todavía. Me puse a esa maricada y después me ofrecieron venderla, y claro, ganaba bueno; en un día me hacía 150 o hasta 200.000 pesos. Pero como no falta el hijuemadre que le tenga rabia a uno, hijuepucha, pues me sapiaron y me cogieron. Fui a dar a La Picota, al patio 3. Entonces me dije: ya no más. Si esto fue así, como será uno más largo: me suicido por allá.

¿Se puso a vender para poder consumir?

Me cogieron con cuatro gramos de base. La situación económica es difícil cuando uno ha salido de un proceso, y al comienzo no es fácil la aceptación. Además, la mente criminal y la delincuencia no se le habían salido a uno de la mente, entonces uno busca la vida fácil. Yo como sabía manejar armas y esconderme y esas cosas. Pero hacer esas gracias me salió carito.

Cuando recién me detuvieron, la gente que nos conseguía las drogas era la misma gente que estaba con los paramilitares y las guerrillas. Y luego salían propuestas para trabajar con el DAS, la famosa Mano Negra que le decían, la limpieza. Cuando mataron a dos compañeros de nosotros por andar en esas, me dije: «Esto está peludo, esto no es conmigo, me voy para otro lado». Luego me llamaron para hacer un trabajo, y yo dije que no. Lo que pasó, pasó. Y no ser más cómplice uno de esta guerra. Es triste ver cómo sufren las mamás por sus hijos cuando los asesinan.

¿Esa experiencia de la cárcel, y la de la guerra lo han marcado?
Pues siempre. Me ha tocado de todo un poquito. Lo bueno es que aprende uno a ser berraco en la vida. A no dejarse llevar de nada, y que cuando uno sabe algo y tiene las manos y la cabeza buenas, son para utilizarlas. Entonces uno dice: estoy jodido por esto, pero voy a conseguir la comida de hoy. La vaina es no ir a matar o a robar o a vender vicio. Entonces uno dice, un arte: voy a mostrar lo que sé y lo que tengo para que la gente crea en mí y me contrate y me pague.

¿Sabe algo de sus compañeros de los hogares para niños desvinculados y de las casas juveniles?
Unos están bien, tiene familia y trabajo; yo que soy un poco desordenado voy mejor cada día. Otros desaparecieron del mapa. Varios de los que estábamos en las casas

en Santander, creo que como tres, volvieron a la guerra.
A otros los mataron o se metieron a bandas criminales.

¿Entonces, usted no ha perdido la energía positiva en la vida?

No, ¿pero por qué? Todavía estoy joven. La vida es lo más lindo y lo más hermoso. Y estoy motivado porque ahora me dieron esta herramienta y voy a trabajar en cine y en televisión, y soy el protagonista principal de una de las películas que grabamos. Siempre me ha gustado esa parte audiovisual, y los medios y los computadores. El que me dio instrucciones hace poco fue el director Diego García. Él vino acá; me regañaba, pero me ayudaba. Ese man me enseñó harto.

He aprendido a convivir y a saber lleva la vida. Yo en mi mundo, pero cuando salgo de mi mundo y me meto en la realidad, cumplo mi trabajo y respeto a la gente. Ser un hombre bien y bacano. Saber uno llevar las cosas. Y eso lo aprendí estando encerrado por allá.

Ahora me dedico más que todo a la radio y a la televisión. Tengo un programa de radio dedicado a la parte del agro, del campo. La música es música de carrillera, música ranchera, llanera y vallenato. Hago todo en el programa. Producción, grabación y todo... Y aquí tengo el equipo de edición y de montaje para radio y televisión. Estoy listo para cualquier trabajo.

8

«No puedo mirar la sangre, odio el color rojo»

Al principio estaba triste. Desganada. Comenzamos a hablar y sus respuestas eran monólogos. De pronto Sandra me preguntó: «¿Usted lo que quiere es que le cuente toda mi historia?». Le dije que sí y comenzó un relato intenso y escalofriante en muchos de sus pasajes. Hubo momentos en los que se rió, pero no dejó de mirar hacia otros lados; tenía una tristeza que parecía llegarle al alma.

¿ Usted lo que quiere es que le cuente toda mi historia? Lo que pasa es que... me da mucha tristeza hablar. Bueno, la verdad, yo vivía con mis papás y estaba estudiando. Mi papá me daba todo lo que yo quería, hasta que un día me llevaron a Bogotá, donde viví tres años, acompañando a mi hermana. Después me devolvieron para Arauca.

Tenía once años cuando volví a Tame. Llegué y mi papá no me había organizado nada. Me arregló una piecita y me compró la cama donde yo iba a dormir. Luego entré al colegio a hacer quinto y al año siguiente pasé a sexto; yo jugaba con mi hermana, pero me conseguí un poco de amigos, así como parches, y me puse a salir de noche por ahí, a un parque, a donde van todos esos chinos, los ñeros. Me volaba de la casa, engañaba a mi papá diciéndole que me iba a hacer tareas a la biblioteca, y era mentira.

Por esa época llegaron como 50 paramilitares al pueblo, y se lo habitaron. Iban de un lado para otro, y como nosotros teníamos una cantina ellos iban a tomar allá. Así se hicieron amigos de mi papá. Yo hablaba mucho con un muchacho que era comandante financiero de los paramilitares, hasta que un día me pidió que fuéramos novios. Yo le contesté que no, porque si mi papá se enteraba me pegaba. Después de rogarme y rogarme, le dije que sí, pero que a escondidas.

Mi papá me decía que si tenía novio me metía a un internado en Arauca. Llevaba como seis meses con el chino, y un día mi hermana entró a mi cuarto y me preguntó: «Sandra, ¿usted es novia de ese señor que viene acá?». Le respondí que no. Pero ella me regañó y me dijo: «No se vaya a meter con él, porque a usted le va a ir mal, va a perder todo. Usted no sabe a quién se está arrimando; él es un paramilitar y esa gente es mala». Le respondí que eso me resbalaba.

Ella me averiguaba a cada nada que si era novia de él, pero yo le decía que no. El pelado me llevaba regalos. Un día me dio un juego de joyas, con cadena, pulsera, anillo y candongas, todo de oro. Mi papá se dio cuenta y me preguntó: «Hija, ¿usted de dónde sacó eso?». Le contesté que me lo había prestado una amiga, pero él no creyó mucho. Me dijo «Imposible que le preste todo ese oro». Mi hermana insistió en el tema, y cuando le cogí más confianza, le conté que llevaba un año de novia con ese pelado. Ella se puso a llorar. Así pasó y mi hermana nunca le llegó a contar a mi papá, aunque a veces me chantajeaba para que yo le prestara mi ropa.

Después me puse a pensar: «¿Qué saco con juntarme con ese man? Yo no tengo ningún futuro con él; es un comandante de los paramilitares y corro mucho peligro. De pronto la guerrilla llega y me mata». Tomé la decisión y un día que llegó al pueblo le dije: «John, yo no quiero tener nada con usted. ¿Por qué no dejamos las cosas así? Después usted se va y me deja aquí en el pueblo involucrada». Él me respondió: «Sandra, usted no sabe con quién se metió; usted se metió con un paraco, no con cualquier civil. Usted metió los pies en este barrial y ya no puede sacarlos; no espere que se va a alejar de mí. Si quiere irse, si quiere terminar, termina pero con su vida». Entonces le dije que me iba para Bogotá. Me respondió: «Usted verá. Si quiere ver muertos a su papá y a su mamá, váyase». Con todo y eso, yo seguía queriendo a ese pelado. Me metí una tragada tenaz. Me seguía llevando regalos, y entre más días y más meses pasaban, más tragada me iba poniendo de él. Cuando llevábamos como un año y medio, John me propuso que nos fuéramos juntos. Pero le dije que no. Tenía como trece años y pensé que mi mamá se volvería loca si me iba.

En verdad, yo no pasaba ninguna necesidad en mi casa. Mi papá no es que tuviera plata, pero no le faltaba nada; era dueño de una cantina y de una hacienda. Sin embargo, yo misma me busqué las cosas. Un día el pelado me dijo que nos encontráramos en un campo de fútbol que era lejos del pueblo, como a diez minutos. Engañé a mi papá diciéndole que me iba para donde mi tía, me dio permiso y me fui. Nos encontramos allá. Me puse a hablar con él, a recochar. Me llevó yogur y nos sentamos a hablar. Yo estaba en el canto de él, cuando pasó una señora que era muy chismosa. Me miró, dijo: «Humm», y me preguntó qué hacía ahí. No le contesté nada; me agaché. Como a las cinco de la tarde regresé a mi casa, pero no pasó nada. Al otro día fui al colegio y cuando volví mi papá estaba que se moría de la rabia, aunque él es todo cariñoso. Me llevó para la pieza y me pegó con un rejo de esos que cortan de las pieles de las vacas. Me agarró, me reventó —aquí en el brazo tengo una cicatriz— y después me envió a un internado de monjas en Arauca.

Allá la pasaba aburridísima. Un día que mi papá fue a visitarme, me volvió a pegar y me dijo: «Hija, si usted tuviera 18 años la dejaría hacer lo que le diera la gana, pero usted hasta ahora está principiando a vivir». Así pasaron los días. Mi papá les dijo a las monjas que no me dejaran salir a ninguna parte, ni siquiera los domingos. Para mí ese colegio era como una cárcel. Sin embargo, el chino me llamaba y yo lo llamaba, porque yo tenía el número del celular de él. Le mandaba cartas. Él pasaba por la calle y yo salía a la ventana, lo miraba y le tiraba —desde el tercer piso— papeles que caían a la calle, y él los recogía. En el internado me la pasaba llorando por ese chino. Un día llamé a mi papá y le dije: «Si no me saca de acá, me vuelo».

Un día me levanté toda triste y le dije a John que fuera por mí. Entonces cuadramos todo. Me levanté como a las cinco de la mañana, junté las sábanas y las amarré al camarote y me boté por la ventana. Caí y fui a dar a la calle. Los chinos me estaban esperando en una camioneta. Me recogieron en Telecom y me fui con ellos, con mi novio. Salimos hacia Saravena, pero como a las tres horas de camino me dio tristeza por mi papá. Pensé: «Dios mío, ahorita mi papá se muere». Pero de todas maneras, ¿qué podía hacer? Ya me había ido, ya no podía salir. Me volví una paraca, me volví de las AUC.

Me llevaron a un campamento por la sabana y me explicaron cómo eran las cosas, que a uno le pagaban un sueldo de 480.000 pesos cada mes, y me pareció bacano. Me dieron una pistola, una Luger, que siempre cargaba. Empecé a salir para todas partes y luego me metieron a un entrenamiento militar de seis meses; me pelé por todas partes con la arena de tanto caminar, correr, revolcarme por el monte. Quedé mamadísima. Después salí por los pueblos. Así todo bacano la pasaba allá, y seguí con mi novio; con él arrancaba para todos lados. Allá en la contraguerrilla donde yo estaba no había niñas, no había mujeres, solamente yo. En otras sí había viejas.

A los seis meses de estar allá, me fui para el pueblo mío a ver a mi papá. Cuando llegué todo el mundo me distinguía, me miraba. O sea, ellos nunca se habían enterado de que yo me había ido con los paracos; la otra gente pensaba que yo estaba por Bogotá y mi papá creía que yo me había ido para un pueblo. Llegué al Telecom y después me fui a donde mi papá. Al verme armada, casi le da un infarto. Lloraba y no hallaba qué hacer, me decía: «Hija, usted se volvió una... No, no, es que no lo creo». Mi papá lloraba y mi mamá también. Le dije a mi papá que él no me había hecho caso cuando le propuse que me sacara del internado. Él respondió que iba a vender todo y que se iba para Bogotá. Le dije: «Usted mirará, yo no le estoy diciendo que se vaya —yo era muy rebelde con mi papá—, pero si lo hace, por mí no hay problema».

Ya tenía catorce años. Duré un año y medio con los paramilitares. Estaba amañadísima. Decía: «De aquí nunca me salgo, hasta que me maten». Como a los ocho meses tuve el primer combate con la guerrilla, y luego estuve en otros tres. Peleamos con la guerrilla y con el Ejército. Pero después me sentí aburrida y se lo dije a mi novio. Me respondió: «No me diga eso, porque si se desmoraliza la matan». Me volví como loca de tanto pensar, ya que yo estaba allá por él. No lo hacía ni por la plata, ni por las armas, ni por nada. Lo hacía simplemente por él.

Como al año de estar allá me dijeron que tenía que matar a una señora. Si uno se hace paraco, uno tiene que matar. Yo lloraba y le decía al comandante: «No, mi comando, yo no hago eso, yo no voy a matar a nadie». Él me respondió: «Si no la mata, tiene que morirse usted». Uno hacía las cosas obligadamente. Y, pues, lo hice. Fui y la maté. Me dio muchísimo pesar porque la señora tenía como tres meses de embarazo; yo lloraba, pero era ella o yo.

No sé si la señora era sapa o qué, pero me dio mucha tristeza; uno sin estar acostumbrado a eso. Pero la maté y después ya no me daba miedo nada. Eso es como una costumbre, es como el vicio al cigarrillo, que uno no lo deja. Y así me envicié a quitarle la vida a la gente; si uno se siente obligado, qué más da. Después me mandaron a matar a unos niños y a unos señores. Me volví malísima, porque a uno allá le toca matar a la gente y le toca quitarles los dedos, despresarlos, descuartizarlos. El paramilitar es tenaz. Y me tocaba capar hombres. Uno les pone una bolsa plástica en la cara para que no miren lo que uno les está haciendo, para que sientan simplemente el dolor; luego los capa, los raja, y les pega un tiro cuando se están muriendo del dolor. Por eso es que para mí es durísimo ahorita olvidar todo eso.

Tengo un hermano que es comandante de un frente de las FARC. Por eso mi familia la va más con las FARC que con las AUC. Un día mi hermano fue a visitar a mis abuelitos y ellos mataron una vaca para recibirlo. La gente fue y les contó a los paramilitares; les dijeron que mis abuelos les estaban dando de comer a los guerrilleros, que les estaban colaborando. De una vez fueron y me dijeron: «Sandra, le tenemos una sorpresa y una misión». Me pagaron como 900.000 pesos que me debían de dos meses, y yo feliz porque me había llegado plata. Me dijeron que la sorpresa era que tenía que cumplir la misión de ir a Tame a matar a mis abuelitos. Eso fue como decirme que matara a mi mamá. Yo no lloré en ese momento, no le demostré nada a nadie. Pero le dije a mi comando que cómo iba a escogerme; le pedí: «Mande a otro que no sea yo, ¿no ve que son mis abuelos?». Me respondió que yo sabía cómo eran las cosas: si no lo hacía, tenía que morirme.

Me enviaron con otro chino que se llamaba Josué. Nos dieron una moto, cuchillos, pistolas, celulares. Teníamos que ir, matarlos, despresarlos y botarlos por ahí para que se los comieran los chulos. Cuando faltaban como 40 minutos para llegar a la casa de mis abuelos, tomé la decisión de no matarlos. Le dije al chino que yo iba a orinar. Me bajé de la moto y me hice la pendeja de que me iba para el monte. Él estaba ahí recargado en la moto, esperándome. Regresé subiéndome el pantalón, saqué la pistola y le metí un tiro por la cabeza. Después le quité la pistola, el cuchillo, el celular y la plata que le habían pagado.

Para mí es durísimo acordarme de todo esto... Bueno, entonces agarré la moto y me fui para donde mis abuelitos. Me vieron y lloraron, pero yo les dije que tenían que irse de inmediato, porque, si no, los iban a matar; que desocuparan. Mi abuelo le echó candado a las puertas, prendió la camioneta y se fueron para Bogotá.

Me quedé ahí sentada, esperando que me vinieran a matar. Al fin reaccioné. Me fui por el lado de Boyacá, donde estaba el frente de mi hermano. Llevaba como tres horas en esa moto, asustadísima; pensaba que era un sueño y me preguntaba por dónde irían mis abuelos. Al fin llegué a una casita y le pregunté a la señora dónde estaba la guerrilla. No me quería decir, le insistí y me envió para Sácama, como a 40 minutos de ese lugar.

Llegué al pueblito y fue como un descanso para mí. Parquié en una esquina y miré un poco de guerrillos uniformados, con fusiles y walkie-talkies. Como iba de civil me hice la disimulada, pero me miraban raro. Me fui para la tienda a tomar gaseosa y pensé en almorzar, pero ellos me seguían mirando raro; y me miraban y me miraban, hasta que pensé que me iban a coger. Entonces llamé al comandante y le dije: «No sé si ustedes me van a matar o qué, ustedes deciden. Vengo a entregarme: yo trabajo con los paramilitares». Eso fue como decirles lo peor. De una vez llamó a un plaguero de gente, me rodearon y me pararon ahí toda humilladita para que les contara. Les dije que me habían llevado a juro, que duré tres meses allá y que deserté porque me mandaron a matar a mis abuelos. Ellos estaban nerviosos pensando que había ido a hacerles inteligencia. Les dije que eso no era así y que yo tenía un hermano allá que se llamaba Gabriel. Les entregué todo lo que llevaba, pero ellos eran desconfiadísimos, pensando que era una trampa, que yo les iba a hacer algo.

Me dijeron que me iban a sacar de ahí; yo pensé que era para matarme. Me metieron en una camioneta y me llevaron —con guardia adelante y atrás— para un pueblito llamado Chita. Como a la una de la mañana llegamos a un campamento, me acostaron a dormir y me prestaron guardia. Al otro día amanecimos y me llevaron donde el comandante del frente. Me miró con una cara tenaz y empezó a averiguarme todo. Al final llamaron a mi hermano. Él, sorprendido, me dijo: «Sandra, ¿usted qué hace acá?». Le respondí que los paramilitares me habían llevado obligada a trabajar con ellos y que yo había desertado. Él me cogió, me abrazó —hacía cinco años que no lo miraba— y habló por mí para que no me fueran a matar.

Duré en la guerrilla un año y seis meses. Me perdonaron todo, me dieron dotación y ya no me tuvieron desconfianza. Me apreciaban mucho y me llevaban a todos los combates. Pero seguía pensando en mi novio; yo sufrí muchísimo por él. A escondidas lo llamaba, con susto, porque si me pillaban seguro que iban a decir que era una infiltrada y me mataban.

En la guerrilla a uno no le falta nada, aunque no le paguen. Pero yo estaba acostumbraba al sueldo mensual y a comprar mis cosas. Además del sueldo, en los paras a uno le pagaban por el rendimiento que uno diera o lo que hiciera;

si uno mataba mucha gente, pues le aumentaban el sueldo. La guerrilla es mejor que los paramilitares, porque no matan a la gente injustamente. Los guerrilleros son más buena gente, porque los paramilitares simplemente lo que hacen es matar a la gente sin ninguna justificación. En cambio la guerrilla mata a quienes deben las cosas; por ejemplo, a alguien que haya violado a una mujer. La población civil le tiene más cariño a la guerrilla. En cambio a los paramilitares la gente los odia y habla mal de ellos; dicen que son los peores terroristas, y es la verdad. Yo duré 18 meses en la guerrilla y no me obligaron a matar a ninguna persona, porque no había necesidad. Allá me sentía feliz. Claro que en el fondo no es que yo quiera a esa gente, porque la verdad fue enemiga mía. O sea, yo quiero más a las AUC que a la guerrilla, aunque pienso que la guerrilla es mejor que los paramilitares. Quiero a las AUC porque fue la primera organización en la que estuve.

Permanecí con la guerrilla hasta que me capturaron. Eso fue el día 5 de mayo de este año; dos días antes salimos en comisión de orden público para el lado del Llano, por el Casanare, donde tuvimos que pelear con el Ejército. Principiamos a las cinco de la mañana, se hizo la noche y seguimos combatiendo. Amaneció el 4 de mayo y todavía peleando; estaba cansadísima y muerta de hambre. Volvió a anochecer y ya no había casi nada de comer, simplemente ración con pastillas o harina, y chimú, que es resina de tabaco que uno chupa y le quita el hambre, pero es amarguísima y como que lo emborracha a uno.

Amaneció, pero ya se nos iba acabando el parque de municiones de tanto pelear. El 5 de mayo el camarada nos dio la orden de que nos fuéramos retirando, cuando me cayó una esquirla en una pierna; me hirieron la rodilla. Ya

me cansé; me salía mucha sangre y me dolía, y estaba enca-
lambrada. Me tocaba pasar un caño para la retirada, pero ya
no pude más: me mamé. Herida, con hambre y sueño, dije:
«No salgo más». Además me dejaron sola. Entonces llegaron
los soldados y me anillaron.

Cuando me capturaron, me quitaron el fusil y me es-
posaron. Me llevaron a dormir con ellos en el monte y me
prestaron guardia. Después me mandaron para Yopal, en el
Casanare, en un helicóptero. Me tuvieron como 20 días en la
correccional y luego me trasladaron para Bogotá, de donde
me mandaron a este programa.

El programa es bueno, pero ahora no estoy muy contenta. Quisiera volver con mi familia, porque la verdad es que
antes no la valoraba, pero ahorita que me encuentro sola y
no tengo su apoyo, me hace mucha falta. Para mí es durísimo. Necesito ayuda para olvidar todo mi pasado, porque me
molesta y me remuerde lo que hice, y es un remordimiento
que creo que nunca me va a pasar. Vi mucha sangre y es algo
que me causa muchísimo daño ahorita. Tengo un problema
y es que no puedo ver una cosa roja, me pongo nerviosa y
me da miedo y rabia a la vez. Yo no puedo mirar la sangre,
odio el color rojo. Quisiera seguir estudiando, pero la verdad
no sé, ahora estoy muy confundida...

9

«La vida es un proceso
de aprender y seguir
aprendiendo»

Es entradora, dicharachera y alegre. Tiene un cuerpo exuberante. Narra en forma melodramática. Pasa en un segundo de la alegría total a la mayor tristeza.

Nací en la isla de San Andrés, pero estando muy chiquita nos fuimos a vivir a Tumaco, Nariño, donde me crié. Poco después de llegar a Tumaco mataron a mi papá; luego de un tiempo me di cuenta de que fue un amigo de él, pero nunca se supo por qué. De la isla recuerdo cuando íbamos a la playa, a nadar en el mar. Salí de allá con solo seis añitos. Nosotros somos cuatro hermanos: la mayor, mi persona y dos varones. Mis papás se la llevaban muy bien; nunca los miré en un alegato o en una pelea. Mi mamá y yo también la íbamos bien, hasta que llegó el día en que mataron a mi papá; ahí comenzaron las discordias, los conflictos, porque a mi mamá le dio muy duro esa muerte.

Hice hasta quinto de primaria, lo aprobé y ya todo empezó a andar mal. Mi papá tenía una panadería y nos iba bien. Cuando murió, mi mamá vendió la maquinaria. Teníamos también un pequeño supermercado, pero mi mamá vendió el lote donde estaba. Yo era muy consentida de mi papá, porque la mayor no era hija de él, aunque la quería como si lo fuera; él la crió, le dio todo desde chiquita. Yo era la primera hija de mi papá, y cuando murió sentí que se había desplomado todo; ese castillo de sueños y de ilusiones que tenía con mi papá se hundió, se derrumbó. Los gustos, el estrato, los lujos... Todo eso se terminó para mí, porque con mi mamá fue muy diferente. Ella me empezó a maltratar, por cualquier cosa me pegaba y luego me decía: «Tu papá ya no está vivo para que te dé todo». Así que cuando tenía once años me volé para Cali.

A Cali me fui con una amiga y comenzamos a trabajar en casas de familia. Luego me consiguieron trabajo en un almacén chiquito, donde duré tres meses; estuve en otros puestos y antes de los trece años quedé en embarazo de mi niña. Llevaba nueve meses con Efraín, que no fue mi primer novio pero sí el primer hombre de mi vida, cuando me di cuenta de que estaba preñada. Le conté a él, se puso muy contento y arrendó un apartamento para que viviéramos juntos; todo iba chévere hasta que un día, cuando yo tenía tres meses de embarazo, llegó del trabajo y me dijo: «Milena Rocío, cuando nazca el niño o la niña se lo quito». No sé si fue de verdad o de recocha.

Por esos días mi mamá supo que yo estaba en Cali. Se fue para allá y cuando me vio en embarazo me llevó a abortar; aunque yo le dije que no quería —algo en mí decía que no, que no hiciera eso; la conciencia me decía que no—; entonces me le volé de la clínica. Le dije que yo tenía a mi hijo, que lo criaba como fuera, que no quería hacer esa torpeza de matar a un ser humano. Le comenté al papá lo que había pasado y a él no le gustó; me dijo que si hubiera abortado, él me habría matado, y me propuso que nos casáramos; me estaba como obligando. Yo sí lo quería, pero no sentía ese deseo de casarme. En ese momento pensaba que era una locura, que a esa edad —tenía trece años— no estaba preparada para una responsabilidad tan grande. Entonces esperé a que él se fuera para el trabajo y me le volé. Llegué donde mi hermana, que ya estaba casada, y me dijo que me iba a apoyar en las cosas más importantes que necesitara. Ella también vivía en Cali y con su esposo me acogieron muy bien. Me consentían y no me dejaban hacer nada pesado, pero yo me sentía un poco mal porque me daban todo. Ya tenía cuatro meses de embarazo cuando mi mamá llamó y me dijo que me fuera para donde ella, que me estaba esperando. Recogí las cosas, mi hermana me acompañó y esa noche nos fuimos para Tumaco. Mi mamá me apoyó en lo que más pudo. Al lado de ella tuve a la bebé.

Adriana Sofía tiene ahora tres años, yo 17. Cuando la cargué en mis brazos, en el hospital, sentí una alegría tremenda; nació tan linda que a una doctora le encantó y no hacía más que decirme que se la diera en adopción; yo le respondí que no, que por nada del mundo. Me asusté y le dije a mi mamá: «Yo no quiero estar más en este hospital; me voy». Ella me sacó de una. Cuando la niña tenía cinco meses, mi mamá me empezó a cascar otra vez, y yo le dije: «Mamá, usted por qué me pega, por qué me maltrata, si yo no hago nada malo; dígame qué no le gusta, o es que no me quiere». Ella un día me dijo con rabia que a mí en el hospital me habían cambiado, que no me quería, que yo no era hija suya; entonces yo pensé volarme con la niña.

Un domingo le dije que iba a salir a pasear. Me preguntó que por qué vestía a la niñita, que si quería me fuera sola, pero que a la bebé no la sacaba de ahí. Ella me quitó el bolso y el morral, donde eché más que todo ropa de la niña, y luego la agarró de las piernas y yo de los brazos: mi mamá la jalaba para un lado y yo para el otro, hasta que la solté por miedo a fracturarla, pues estaba muy chiquita. Ella la cogió y me dijo que me fuera de su casa.

Desde entonces no volví a saber nada de ninguna de las dos, pero el 24 de diciembre del año pasado mi mamá me mandó una carta y unas fotos. Ahí me contaba que la niña estaba bien —se veía hermosa—, que estaba linda, que ya decía palabras como mamá, que ya caminaba, y que deseaba que yo regresara a la casa. Le contesté contándole que estaba bien, que me estaba superando, que me estaba capacitando y que estaba en una parte donde me sentía protegida, aprendiendo y rodeada de personas que me querían. Hace como dos años y medio no veo a la niña. Lo que más me gustaría en la vida sería abrazarla.

Bueno, yo me le fui a mi mamá y llegué a Tumaco. Trabajé primero en una casa de familia y después una amiga me dijo: «Vea, en Barbacoas usted puede ganar buena plata», pero no me contó que por allá habitaba la guerrilla ni que íbamos a trabajar con la cocaína, con el narcotráfico. Me habló de que un primo de ella necesitaba gente que le ayudara. «Usted que es pilosa y todo, camine, que en un mes tiene dos o tres millones de pesos». Pensé: «Pues claro, y ayudo a mi mamá y a mi hija». En Barbacoas comencé raspando, recogiendo hoja de coca; después trabajé cocinando y finalmente me pasaron para el laboratorio, donde hacen todo el proceso de la cocaína.

Primero cogen la hoja, la pican, le echan cemento y la revuelven en unos timbos plásticos. Después le echan gasolina preparada con un poco de químicos y así, hasta que elaboran la cocaína. En un mes recibí dos millones, y le mandé a mi mamá un millón, aunque no sé si lo recibiría.

En esa época empecé a beber; tomaba mucho. Toda la plata que cogía era para trago y ropa, y además comencé a fumar. Miraba la cocaína pero nunca llegué a probarla; a mí me decían: «Nunca vaya a probar, porque usted se pone a experimentar y se queda allá». Bebíamos con mi amiga, la que me llevó. Novio no tenía, pero sí salía con chicos. Yo me decía: «No quiero tener a nadie, quiero estar sola». En ese tiempo el primo de la chica —yo ya llevaba como ocho meses ahí— me propuso que fuéramos novios. Le dije que no. Él igual me trataba muy bien y me daba regalos: una vez me compró una mini-Uzi para que me defendiera, pero yo no la cargaba. En mí tenía como un odio, como una venganza, no sé; en mi interior sentía odio contra mi mamá, y quería vengarme por la muerte de mi papá. Entonces, cuando ya iba para los catorce años, decidí meterme a la guerrilla.

Me hice amiga de un guerrillero. Un sábado salí a bailar con mis amigas —yo cargaba un millón; siempre llevábamos mucha plata con las chinas—. Nos arreglamos y nos fuimos para una discoteca en el pueblo; llegamos al propio Barbacoas, porque donde uno trabaja es en el campo, monte adentro. Una amiga me dijo: «Allá está uno que es guerrillero. ¡Son más lindos! Son como los soldados». Me lo presentó y empezamos a conversar. Se sentó en la mesa nuestra. Me preguntó todo: si tenía novio, cuántos años tenía, qué hacía. Así me empecé a relacionar con él y con la guerrilla. Le dije que estaba muy aburrida, que no le encontraba sentido a la vida, que tenía ganas de morirme, de matarme, no sé; él me dijo que no pensara eso, que yo era muy bonita, que estaba muy joven, que tenía toda una vida por delante y que no fuera a cometer ninguna locura. Le dije que no encontraba qué hacer y él me respondió que me iba a apoyar, y que le dijera si necesitaba ayuda.

Yo siempre les he tenido mucho amor a las armas. Así que me fui para la guerrilla porque me gustaban las armas, y como por ese sentimiento de venganza. Al tiempo de estar allá me fui concientizando de las cosas, fui como echando cabeza, reaccioné y pensé: «Qué me pasa, qué hice, qué estoy haciendo», pero ya era tarde para dar un paso atrás: entrar es muy fácil, pero salir es difícil.

Yo estaba decaída, deprimida; pensaba muchas cosas malas de mi vida. Cuando me vi en un campamento con hartos guerrilleros sentí que había empezado otra vida. Allá duré año y medio. Hubo cosas muy fuertes, como mirar fusilar a mis propios compañeros por cometer errores, como robarse la comida. Les hacían un juicio, un consejo de guerra, y si la mayoría votaba por fusilamiento, pues los fusilaban; si la mayoría decía: «Denles otra oportunidad», se las daban.

Yo estaba en un frente grande de guerrilleros, muchos de ellos niños o jóvenes. Era miliciana bolivariana, que es un cargo muy estricto, porque se ocupa de cuidar a la población civil. Uno se mantiene mucho en el pueblo, de uniforme camuflado y con arma, haciéndoles charlas a los civiles, organizando reuniones. Yo había recibido entrenamiento para aprender sobre explosivos, cilindros, dinamita, minas quiebrapatas, todo eso; y me dieron cursos de política, de enfermería, de primeros auxilios y de fuego y movimiento.

Allá no me enamoré, pero tuve un hombre al que quise mucho. Se llamaba Fernando Guzmán y era muy lindo conmigo, me trataba muy bien. Él llevaba 29 años en las FARC y tenía 38 de vida. Fue mando de escuadra y de compañía. Lo conocí una vez que me llevaron al campamento que llamaban El Empedrado, porque tenía muchas piedras. Tan pronto me lo presentaron surgió una relación entre los dos: él me gustó y yo le gusté. Pero después lo mandó llamar el propio comandante de todo el frente, el comandante superior, y estuvo tres días por fuera del campamento. Mientras tanto, otro mando se aprovechó de su ausencia y abusó de mí. Ese fue el peor día de mi vida en la guerrilla. Yo le comenté a Fernando, él hizo que desarmaran al que me abusó y lo fusilaron.

Con mi novio sí podíamos tener relaciones. Allá a todas las chicas nos llevaban un control de planificación. Algunas planificaban con inyección, otras con pastillas, otras con la T; allá surgen muchas posibilidades de control. También había unas pilitas chiquitas y redonditas que le metían a uno en el cuerpo, en el brazo, pero que causaban muchas alteraciones: unas niñas se enflaquecían, algunas se engordaban y otras se enfermaban. Yo planificaba con inyección, aunque me descontrolaba el período. Me la ponían cada mes. Allá hay médicos y a veces llegan otros que contratan. A nosotras siempre nos daban toallas higiénicas, dos o tres paquetes, pero a cada una se las marcaban; si encontraban alguna toalla tirada, usada, pues sabían quién la había botado, y si eso pasaba, a uno lo sancionaban. También nos daban jabón, desodorante, talco, las cosas personales. El baño era en ríos, en quebradas. Unas se bañaban en pelota, pero yo me bañaba en ropa interior y con un bucito. Al principio uno sentía pena, pero ya después se acostumbraba, y como sabía que a veces daban sólo dos minutos para bañarse, no le importaba quién estuviera; lo importante era bañarse. La comida es como todo: muchas veces era buena y bastante, pero cuando servían comida repetida uno se aburría.

En el campamento hacía entrenamiento, hacía guardia, me iba a las otras caletas a recochar —siempre he sido así, toda alegre—, a molestar a los muchachos. También me enseñaron a tejer y muchas otras cosas; me contaban historias de ellos y yo les contaba las mías. Me trataban muy bien en la guerrilla, me daban cariño, amor. Muchas personas me consentían, no solamente mi novio, que era como mi marido.

En la guerrilla nunca nos pagaban. A veces le decían a uno: «Tome esos 40.000 para que se compre algo», pero sueldo no había. Ellos vivían de la financiera: vivían de la droga y del secuestro. Les cobran impuestos cada mes a los que tienen cultivos y a los que vienen a comprar; a los mafiosos y a los narcotraficantes. Nosotros ayudábamos a cuidar los cultivos. A veces también la guerrilla compraba la coca a un precio y la vendía más caro.

Cuando el secuestro de los 200 soldados de Patascoy, me tocó cuidarlos. Para mí fue todo muy duro, porque ellos le decían a uno: «Déjeme ir», y no se podía. Uno cumple órdenes y listo. Y ellos sucios, y a veces los trataban mal. Otros me decían: «Vámonos, volémonos». Cuando podía les llevaba bananos, frutas, cosas así, pero me regañaban en la guerrilla, me sancionaban por eso.

Llegué a participar en tres combates, nada más. En el primero sentí miedo de morir, estaba muy asustada. No sabía si correr o quedarme quieta. Tenía un temor grande y lloraba del miedo al ver que las balas le pasaban a uno por los laditos. Fue en un pueblito que se llama Espriella, durante un enfrentamiento con el ELN; en esos días estaban en pelea de política ellos dos. El ELN quería sacar a las FARC de ahí y apoderarse de la zona.

Los otros dos combates fueron con el Ejército; con los paras no me tocó. Los paras no me gustaban porque esos manes cuando ven un guerrillero, así sea hombre o mujer, lo descuartizan muy feo; pedacito por pedacito lo van cortando. Aquí en el hogar me los encontré después. Al principio yo tenía una desconfianza tremenda. Pensaba: «Qué tal que yo le dé la espalda a ese chino y me quiebre». Pero con el tiempo, y ya estando aquí en este programa, me he dado cuenta de que no, de que todo en esta vida es igual, es lo mismo, sino que llevan nombres diferentes: paramilitar, ELN, FARC, Ejército, y hay otras entidades que no se nombran mucho.

Logré salir de la guerrilla, desvincularme, por cosas del destino. Ese día nos tocó un enfrentamiento con el Ejército, estuvimos combatiendo como dos horas y media y me dieron un tiro en el brazo, me tronché la pierna y me capturaron. Me sentía asustada, porque a uno cuando está en la guerrilla le dicen muchas cosas del Ejército, entonces uno ya está psicosiado. Me dijeron que tranquila, que me iban a ayudar, que no tuviera miedo; me quitaron las armas —yo entregué todo: el chaleco, el arma, el AK-47—, me llevaron y me subieron a un helicóptero. Me monté y sentí un poquito de miedo; además iba con dolor, con ardor por el tiro.

Cuando me capturaron hubo dos soldados que me dijeron: «Ustedes las guerrilleras son peores que las prostitutas, merecen que les demos un par de tiros en la cabeza». Después me llevaron a investigarme y llegó un oficial y preguntó: «Ustedes ¿por qué no han llevado a la joven a un centro médico?»; entonces me trasladaron al hospital. Me curaron, me pusieron una venda y me mandaron al batallón, donde duré como 20 días. Me interrogaron y me llevaron al juzgado, a la Fiscalía, al juez, al defensor de familia. En todas partes me trataron bien. Hasta en el Ejército fueron especiales conmigo.

Ahora estoy en una casa juvenil, donde siento que estoy aprendiendo mucho; por ejemplo, que la vida es un proceso de aprender y seguir aprendiendo para ser mejor, y mientras más uno aprende le dan ganas de aprender más; uno quisiera que le enseñaran para mirar interiormente las cosas. Aquí me siento bien. Lo que quiero es terminar mis estudios; ahora estoy haciendo sexto y gracias a Dios me está yendo bien en el colegio.

Cuando llegue el día y el momento de reencontrarme con mi hija, quiero ser una persona que les pueda ayudar a mi mamá y a ella, que les pueda dar las cosas que necesitan. Siempre le pido a Dios que me dé fuerza y capacidad para salir adelante, volver con mi hija, ser alguien y sobresalir en la vida.

10

«A mí me gustaría que la guerra fuera sin armas»

Julia es de baja estatura, inteligente y despierta. Entre los jóvenes entre-
vistados, ella es la que tiene más claro lo que hacía en la guerrilla; la más
radical y la que habla con más vehemencia sobre la situación que vive
Colombia. Aunque justifica las acciones de la guerrilla, dice que quien
carga un arma es un cobarde y que preferiría una guerra de palabras, en
donde no hubiera muertos.

M i mamá tenía quince años cuando estaba ena-
morada de un cuñado, de un hermano de mi
papá. Mi papá se afeitaba y quedaba lo mismo
que el hermano, y una noche mi tío quedó de irla a visitar,
de pasársele a ella. Mi papá alcanzó a escuchar, le pidió prestado el reloj a mi tío, se afeitó y se fue a buscar a mi mamá.
Ella lo único que hizo fue tocar a ver si tenía el reloj. Esa
noche pasó lo que pasó y mi mamá quedó embarazada de
mí. Ella me tuvo cuando fue a cumplir los 16 años, pero
me cuidó nada más cuatro meses y me dejó botada donde
mi abuelita, con mi papá. Mi papá me dejó un mes después y quedé con mi abuelita trabajando y estudiando; casi
toda mi niñez fue trabajando. Vendía en la calle empanadas,
buñuelos, papel higiénico, cigarrillos, de todo. Vivíamos en
La Esperanza, un barrio al sur de Bogotá, de Betania para
arriba, de Comuneros para arriba.

Yo tenía siete años de edad cuando mi abuelita se me
enfermó; le empezó a salir sangre por la boca y por la nariz.
Vivíamos también con mi abuelito, pero en esos días él se la
pasaba con los hijos y no le ponía cuidado a ella. Me tocó
dejar de estudiar, para poder cuidarla. Yo estaba haciendo ya
quinto, era muy pilosa, y entonces tuve que trabajar en una

panadería barriendo, haciendo lo que fuera, para ayudar a mi abuelita, que estaba en el hospital San Juan de Dios. Después me tocó pedir limosna, porque la plata ya no alcanzaba.

Una semana después de que cumplí ocho años, mi abuelita se me murió. Vinieron los hijos y ahí sí llegaron todos los que la conocían. Vendieron la casa y todo lo que ella tenía; se fueron y me dejaron botada. Después hice dos cursos más, sexto y séptimo, en un colegio del barrio donde yo había nacido, el 20 de Julio. Vivía por ahí en cualquier parte, trabajaba y me iba al colegio. Cuando cumplí once años decidí que o seguía viviendo en la calle, metiendo bóxer y de todo, o me iba para la guerrilla, porque a mí ya me habían invitado. Conocía gente de la guerrilla, y la mejor decisión fue irme para allá. Me dijeron que ingresara al frente 40, del Meta, porque era lo más fácil. Me fui para el área del 40, donde me dieron quince días de curso básico.

Me enseñaron a manejar un fusil, nada más, y me dotaron de fusil. Lo que sí me dijeron es que allá le tocaba a uno sufrir mucho, que no le pagaban, que le tocaba ranchar, hacer trincheras, de todo; que allá la vida no iba a ser fácil. Pero yo me decía: «Julia: la vida es más fácil aquí que en la calle; yo me quedo». Después del curso básico, a los quince días cayeron los chulos, el Ejército, ahí al campamento; fue mi primer orden público. Cuando eso yo cargaba un perrito pequeño, y me lo mataron. El tiro venía para mí, pero el perrito se atravesó. Luego de eso seguí luchando a lo macho, en orden público. Llegué a ser comandante de columna.

A mí me dieron mando por mi comportamiento, por lo que aprendí, no por mi edad, porque yo era muy chiquita. Después, cuando empezó la zona de distensión, me mandaron con la columna a hacer un curso más en serio, que duró tres meses; luego me sacaron de la columna y me mandaron para el frente 16 como reemplazante, es decir, me bajaron de mando. Uno siempre llega de base cuando ingresa a una columna, pero yo llegué de reemplazante porque estaba referenciada por el otro mando. Le dijeron al cadete que me colocara de mando, porque yo era buena para eso. La pasé bien, pero me licenciaron de ese frente porque tuve un accidente: me pasó un planchón por la pierna izquierda. Luego ingresé en el 32, donde duré casi dos años; allá me tocó muy duro porque es un área de subidas y bajadas, pura loma, por los lados de Villavo, a solo tres horas del páramo. Ahí también recibí mando rapidito: al año ya era comandante de compañía. Después fue cuando deserté.

Íbamos a hacer un atentado, a tomarnos un puesto de Policía, y a la de para acá nos íbamos a llevar a un viejito. Un viejito que no podía andar y casi no podía hablar; tartamudeaba, pero escribía todo lo que miraba y lo que sabía de la guerrilla, y les pasaba la información a los chulos. Nos tocaba matarlo, por sapo, pero a mí me dio pesar. Yo le dije al cuchito que se fuera, pero más se demoró él en decirles a los soldados y yo en llegar al campamento, que en saber los comandantes. En una marcha que hicimos me dejaron a tres horas de todas las unidades, para matarme ese día, pero yo me di cuenta y me les volé. Llegué a Manzanares, un pueblito que hay de Villavo para arriba, que ahora está casi deshabitado.

Traía el armamento, el equipo y todo, pero lo dejé en Manzanares con un miliciano que conocía; me dio ropa de civil y yo le di el fusil. Le dije que lo entregara, que dijera que lo había encontrado botado y que no contara que me había visto. Él dijo que sí, y me sacó en una moto hasta Villavo; en Villavo me tocó subirme en un camión y luego me pasé a un carro de esos que cargan gas, que me llevó a Bogotá.

Anduve por ahí hasta un día que en el Cartucho vi a unos guerrilleros... y cuando uno deserta avisan y todos los frentes lo saben. Los miré y supe que me estaban buscando. A los poquitos días me entregué al Bienestar Familiar. Bueno, yo no me iba entregar; una muchacha fue la que me entregó. Yo estaba toda azorada, sentía que me perseguían y le conté a ella. Me dijo que me entregara en el CAI de Las Cruces, pero le contesté que no, porque me echaban para la cárcel. Ella me dijo que no, porque yo era menor; y sin que me diera cuenta fue, trajo la Policía y me entregó. Pensé: «Hasta aquí llegué», pero me dijeron que me iban a mandar para un centro, para ayudarme, para una casa en donde había muchos pelados como yo; desde eso estoy aquí, sufriendo.

Bueno, también estoy contenta, pero es como si me hiciera falta una parte de mí, porque yo me acostumbré... Yo ingresé de once años y me acostumbré al monte. Entro a una ciudad y me hace mucha falta el monte. Allá yo consigo lo que sea, en cambio en la ciudad no. En la ciudad para todo hay que tener plata; en el monte la plata sobra.

A la guerrilla yo la quiero mucho, porque ellos fueron los que me acabaron de criar. Los quiero como si fueran una familia; pero una familia que, porque la embarré, me hubiera matado; una familia que no perdona. Pero ellos me ayudaron en lo que pudieron. Y a uno cuando ingresa le dicen qué puede hacer y qué no, pero por la terquedad uno hace otra cosa. Si no hubiera perdonado al viejito, yo estaría allá todavía.

Mucha gente dice que la guerrilla no hace sino robar, pero ellos no se guardan la plata de los secuestros. El cucho Marulanda no guarda millones para él. Si usted se pone a pensar bien, todo lo que nosotros tenemos, todo lo que obtuvimos como guerrilleros y todo lo que nos daban era con la plata que ellos sacaban. Ellos lo único que quieren es que se acaben los ricos; ellos protegen a los pobres. Por ejemplo, cuando recién llegué a Mesetas, sólo había trochitas; en cambio, hoy en día usted puede ir en carro hasta por allá bien adentro de las veredas. La guerrilla les quiere ayudar a los pobres, sacarlos adelante, acabar con los ricos, con la oligarquía, cosa que al Gobierno no le sirve. La guerrilla no está de acuerdo con los paracos, porque los paracos son el mismo gobierno. El ELN es una organización que no sabe por qué pelea; los elenos a ratos están con unos y a ratos con otros. Yo creo mucho en la guerrilla; donde se llegara a tomar el poder, se acabarían los ricos, porque las FARC no se van a dedicar a cuidarlos, como hace el Gobierno, que pelea por ellos, pero nunca por un pobre. ¿Cuándo le han ayudado a un gamincito a dejar la calle, o a un campesino para cultivar la tierra? Nunca. El Ejército tampoco ayuda; lo único que saben hacer es matar los animales de las fincas, acabar con todo, para que digan que fue la guerrilla, pero son los soldados disfrazados. La guerrilla mata a los sapos, a los que le comentan al Ejército dónde está la guerrilla y qué hace.

Estoy de acuerdo con que secuestren gente rica, porque con esa misma plata que les quitan a los ricos ellos están ayudando a mucha gente pobre; a esa gente que los ricos ven pasar y dicen: «Uy, qué asco, qué cochinada». La mayoría de los guerrilleros somos pobres, somos gente que de verdad sabe qué es sentir hambre; por eso luchamos para que cambie este país. Mucha gente no lo entiende, pero las cosas son así. Si supiera que no me van a matar, yo volvería, porque estoy de acuerdo con ellos y aprendí mucho allá. Yo antes pensaba que eran malos, pero hay que entenderlos. En mi caso, por salvar al viejito sapo, arriesgué la vida de más

Los niños de la guerra

de 300 guerrilleros y la mía, así como la de todos los que estaban a mi alrededor. Fue un error: era la vida de él o la de todos los demás. Yo preferí salvar la de él, cosa que el viejito no pensó y me sapió. Pero, bueno, las cosas ya están hechas, ya qué se le puede hacer. Solo queda seguir para adelante.

Siquiera que no me tocó encontrarme con los paracos, porque cuando lo cogen a uno lo descuartizan; ahí no importa si es mujer o es hombre, si es bueno o es malo. Simplemente, por ser guerrillero, lo descuartizan, lo rajan y ahí lo dejan. Ellos en este momento están por volverse así como son los soldados, que pueden andar por la civilización, van a legalizarse. Los paracos y los soldados van por plata; ellos van y venden la vida, mientras que un guerrillero pelea por el pueblo, sabe que allá no va a esperar sueldo, sabe que va a sufrir como un berraco, que a veces va a tener sus fiestas y va a tener sus cosas, pero uno nunca espera un sueldo.

En la guerrilla se pueden tener relaciones de pareja, pero no es conveniente enamorarse porque a cualquier momentico los separan. Por ejemplo, le dicen a uno: «Julia, váyase para tal lado. Y usted, váyase para ese otro». Ahí quedaron separados, no se volvieron a ver. Y de pronto después uno se entera de que mataron al otro. Por eso no es bueno enamorarse allá. Yo tuve un novio al que quise mucho, que tenía un hermano gemelo, y lo mataron. Cuando el hermano me contó, me dio muy duro.

En la guerrilla no hay drogadictos. Lo que pasa es que muchas veces dejan que los campesinos siembren coca, porque hay muchas partes donde lo único que se da es la coca; al plátano o a la yuca los acaba el gusano, o no hay cómo sacar el producto. Por eso los dejan que siembren coca, la produzcan y la vendan; es más fácil vender coca que sacar unos bultos de plátano, de yuca o de papa al mercado. Pero la guerrilla no lo hace por maldad. Yo estaría de acuerdo con que legalizaran la marihuana y la cocaína, porque son más puros que los cigarrillos y que todo ese alcohol que uno se toma.

Cuando me tocaba matar a alguien me tapaba la cara, porque era muy miedosa; me acostaba a dormir y me soñaba con las personas que había quebrado. Pero una vez tuve que matar mirando a un muchacho que decían que era primo mío. Yo salí a la población civil y nos pusimos a hablar —él no sabía que yo era guerrillera— y resultamos siendo primos; conocía a mis tíos, a mi mamá, a todos. Después, en orden público, lo cogimos. Él era soldado. Dijo que no lo mataran, que quería ser guerrillero, que él estaba allá por plata y que no sé qué. El cucho que era mando le creyó, y la mayoría le creímos; él casi llora contándonos. Pero un día el cucho estaba hablando en el aula y él se paró de pronto con un fusil a dispararle. Yo estaba parada detrás y le solté un rafagazo; tres tiros de una, pam, pam, pam. Y ahí quedó el muchacho. Yo era comandante de compañía y me subieron a remplazante de columna, porque le había salvado la vida al cucho. Me dio duro, porque era una persona que conocía, que sabía de dónde venía, pero era una de dos: él o nosotros.

A uno en los pueblos lo miran vestido de camuflado y piensan que es un duro, porque nunca llora; en un campamento uno siempre está con una sonrisa de oreja a oreja, pero nadie sabe qué es lo que se siente por dentro; no saben que uno también tiene la parte humana. Algunos creen que porque uno mata a otra persona es valiente, o que porque carga un fusil es valiente. Eso no es valentía: es cobardía. Uno se esconde detrás de un fusil, pero es una máscara que no es la de uno. Nunca estuve de acuerdo con que me mandaran a matar a otra persona, pero me tocaba; como todo buen guerrillero, iba y lo hacía.

Yo estaría de acuerdo con que siguieran los diálogos de paz; pero que legalizaran la paz. Que dijeran: «Hay paz y no más, se acabó la guerra, no más». Lo único que tienen que hacer para que se acabe esta guerra es darse la mano y soltar las armas, botarlas, enterrarlas o venderlas a otros países; no más eso se necesita para alcanzar la paz. En estos 40 años la guerrilla ha peleado mucho por eso. Pero después que haya paz, entonces ya pueden empezar a hablar de lo que quiere hacer la guerrilla, ya legalmente, sabiendo que no va a haber más guerrilla, que no va a haber más nada, que son solo un grupo que está hablando para ayudar a la gente. Y que la guerrilla haga los mismos paseos que hace el Presidente, para que dé a conocer lo que propone para ayudarle a la gente; porque el Presidente anda por todo el país pero no ayuda a las personas pobres, no pasa por una escuela y deja de pronto al menos tres o cuatro millones para que la arreglen. Si se logra la paz, tienen que dejar que la guerrilla haga política.

Pero así como va el país, tiene que haber una guerra donde se acabe uno de los dos grupos para que haya paz. Así como están las cosas, no hay posibilidades de acuerdo; tiene que haber una guerra y que se acabe la guerrilla o el Ejército, pero es más fácil que acaben el Ejército que la guerrilla. Así como decía el mismo Manuel (Marulanda): si no los acabaron cuando eran 48, que era la sola familia del cucho contra muchísimos soldados, ahora menos que son ya miles. Cuando eso ellos peleaban con palos y con peinillas, con nada más, y no pudieron acabar con los marquetalianos; así es como les decimos nosotros a los de Marquetalia, a los antiguos.

Yo quisiera seguir estudiando. A mí me gusta este programa porque aquí lo ayudan a uno mucho, aunque de pronto ellos no reciben lo que esperan de nosotros, como por ejemplo más cariño, más atención; que nosotros nos comportemos mejor, que respondamos como ellos quieren. Será porque nos aburrimos de estar tanto tiempo bajo órdenes, bajo mandos. Por ejemplo yo, que duré casi seis años allá, ya estaba aburrida de vivir bajo órdenes; a mí me aburre eso, porque toda mi niñez fue con mandos, y ahorita otra vez con mandos.

De los paracos a la guerrilla hay mucha diferencia. Los paracos matan por matar, ellos hacen las cosas por hacerlas; en cambio los guerrilleros matan a una persona porque es sapa, y ya cuando se le han hecho tres advertencias; si después de eso no quiso hacer caso, pues lleva. La guerrilla ha tratado de dialogar, ha tratado de dejar las armas, pero no ha podido porque cada vez que las intentan dejar, por ejemplo, es una suposición, los chulos los están rodeando para matarlos, y así no se puede. La guerrilla pelea por una igualdad social, para que todos tengamos lo mismo; los paracos no. Ellos pelean por lo mismo que los soldados: por los ricos.

Yo no me siento orgullosa de tener un fusil, como le decía, porque para mí un fusil siempre ha sido cobardía, engañarse uno mismo, sentirse más poquito que los demás: eso es un fusil para mí. De pronto yo sí tomé conciencia y salí adelante allá, en lo que pude, pero nunca me sentí orgullosa diciendo: «Yo soy guerrillera».

La guerra es un mal que le hace uno a la gente, porque los que no quieren ser guerrilleros ni soldados, los que están en la mitad, acaban muriendo a manos de la guerrilla o de los soldados; más que todo de los soldados, porque ellos dicen: «Ustedes son guerrilleros, ustedes son sapos, ustedes no sé qué», así la gente no sea nada. La guerrilla no tanto, porque la guerrilla dice: «Si llegan los soldados con plata, véndanles; si llegan los paracos con plata, véndanles», para eso son civiles, para eso tienen sus cultivos, para eso tienen sus tierras. Pero ya que entre venta y venta se pongan a decir: «Aquí estuvieron tales y dijeron esto, dijeron lo otro», ahí sí toca quebrarlos.

Yo no juzgo a los que fueron paracos. Muchos de ellos lo hicieron por un capricho, otros por plata y algunos porque les nacía; pero más que todo lo harían por la plata. Yo soy amiga de varios muchachos que fueron paracos. Con José, que dizque fue paraco, con él tengo una amistad muy bonita. En cambio no me la llevo bien con algunos exguerrilleros que no tomaron conciencia de qué hacían allá, simplemente el orgullo de ellos es decir: «Yo fui guerrillero, yo cargué un fusil, yo maté». Matar no es un orgullo para nadie, cargar un fusil no es un orgullo para nadie.

Yo quisiera que fuera una lucha legal por el pueblo, pero que fuera sin armas, sin fusiles; sin embargo, los guerrillos no pueden dejar las armas así tan fácil, porque han asesinado a muchos líderes populares. El EPL se entregó con fusiles y todo, y mataron a muchos. Pero a mí me gustaría que la guerra fuera sin armas; me gustaría volver a la guerrilla pero que la guerra fuera sin armas, que no tuvieran armas, que no mataran gente. O sea, una guerra pero no una guerra-guerra, sino como diálogo; simplemente con palabras, planteamientos, propuestas y decisiones. Una guerra, pero civilizada.

Mi sueño siempre ha sido ser enfermera, tener un hospital grande; poder ayudar a la gente sin necesidad de que tengan plata, de que tengan dos, tres millones: así tengan mil pesos, poderlos ayudar. Tener un lugar a donde lleguen los campesinos y decirles: «Esta es su casa, este es su hogar, aquí es donde van a poder vivir».

Sé que es difícil conseguirlo en esta sociedad hecha para los ricos, donde lo único que vale es la plata. Pero sí se puede lograr, porque yo no pensaría lo que piensan los ricos, sino lo que van a pensar los pobres; lo que va a pensar alguien que no tenga recursos. Eso es lo que me vale a mí: lo que piense la gente humilde. Porque los que tienen plata, los que tienen todo, no piensan sino en seguir haciendo plata.

Yo lograría eso trabajando mucho. Al son del trabajo todo se logra. Desde que me esfuerce, sé que lo voy a alcanzar; si no me esfuerzo, nunca voy a llegar a hacerlo. Ese siempre ha sido mi sueño, ayudar a la gente; espero que se me cumpla.

11
«El que no sirve para matar, sirve para que lo maten»

Lo conocí en una casa juvenil mientras veíamos televisión. Mirábamos un programa en el que un hombre cogía serpientes y hablaba de ellas. Los muchachos se emocionaron y empezaron a contar historias. Yo había dado por terminada mi ronda de entrevistas, pero este joven narraba bien y con fuerza pasajes de su relación con los animales en el monte. Entonces, comenzamos a hablar con Otoniel de su vida.

M is hermanos sí fueron al colegio, el único que no estudió fui yo. Como la plata que había no alcanzaba para ponernos a estudiar a todos, mis papás preguntaban: «¿Quiénes quieren estudiar?». Mis hermanos decían: «Yo, yo, yo». Pero yo no le ponía fundamento, no le ponía ganas, no decía que quería estudiar.

Nací en Herrera, Tolima, hace 16 años. Somos siete hermanos, y yo soy de los mayores. Me la pasaba con mis papás, pero no hacía mayor cosa. Me ponía a jugar y los acompañaba. Estuve con la familia hasta los nueve años. Luego comencé a andar con los vecinos, que trabajaban la amapola y me llevaban a sembrarla. Les ayudaba y me daban cualquier cosa. Yo andaba contento detrás de ellos; así fui creciendo, le cogí amor a ese trabajo y aprendí a hacerlo bien. Duré como dos años en esas; a lo último me rendía mucho la recogida de la amapola, y me pagaban 5.500 pesos por cada copada de mancha.

El trabajo es así: uno coge las cuchillas de afeitar (de las máquinas desechables de plástico), las saca, las voltea para que quede el bordito afuera, las pone otra vez en el plástico y calienta con una vela; se va doblando y queda la cuchillita salida; con el aparatico raya la pepa de la amapola. Ella bota una manchita blanca, como un caldito, como una agüita, y uno la recoge en una copa de esas donde vienen los rollos de fotografía. En la ligereza de la persona está todo. De tanto darle, me volví práctico: recogía doce o catorce copadas en el día y me ganaba 700, 800.000 pesos cada nada. Compraba juguetes y bobadas, y les prestaba plata a los demás, que nunca me pagaban. Mantenía con los vecinos en una zona de puro frío, donde hacíamos cambuches para poder cosechar. Salía al pueblo cada dos, tres meses. Iba de la montaña al pueblo y compraba lo que necesitaba. Me tiraba la plata, le daba un poco a mi familia y me iba otra vez. Después me salí y comencé a coger café por la vereda San Isidro, y a bolear machete en el campo. Me pagaban a 8.000 pesos el día y trabajaba de lunes a viernes. Los sábados y domingos iba al pueblo, a las mesas de billar, y me entretenía jugando con los que salían a hacer mercado.

Un día llegó la guerrilla y comenzó a quemar casas cerca de donde vivíamos nosotros, y uno con miedo. Yo no estaba metido en nada, ni mi familia; simplemente la autodefensa pasaba por el lado de la casa, y lógico que si alguien pide agua, uno no le va a decir que no, y como además eran vecinos, no les íbamos a negar un bocado de comida. Entonces la guerrilla dijo que todos éramos colaboradores, que nosotros éramos los sapos de la autodefensa, y a mí me corretiaron. Me tocó meterme en el monte sin camisa y sin zapatos, y al otro día salí todo arañado. Pensé: «Si lo van a matar a uno sin deber nada, sin estar armado, es mejor armarse. Si lo matan con un fusil, pues al menos lo mataron peleando y no por ahí amarrado». Además, cuando salí corriendo, los guerrilleros llegaron a la casa y humillaron a mi mamá; le pusieron un fusil en la cabeza, le dijeron que tenía tres horas para que se fuera y quemaron la casa.

Al otro día me encontré con los vecinos, a los que también les habían quemado las casas, y estaban en el tema de las autodefensas. Yo les dije que quería ingresar. Me metí y anduve con ellos de lado a lado; yo tenía once años. Mi familia viajó a Bogotá, desplazada por la guerra, y duró como un año allá. Cuando volvió a la casa, organizó otra vez un ranchito con las tejas de zinc quemadas que habían quedado.

Nosotros pasábamos cada rato cerca de mi casa, y preciso una noche que nos quedamos en el filo del monte, la guerrilla atacó. Eran hartísimos y nosotros pocos, así que nos retiramos. Pero habíamos dejado en mi casa equipos, botas y cosas verdes. Así que con mayor razón la volvieron a quemar; siquiera que mi familia no estaba. Cuando mi mamá regresó encontró todo destrozado; les dieron plomo a los platos, a las ollas, a todo. Mi familia se fue de nuevo para Bogotá y yo seguí con la autodefensa.

Permanecí cuatro años en las Autodefensas Colombianas del Tolima, AUCT Lo bueno de estar allá era que no me faltaba nada, que siempre tenía lo que quería, y lo malo, que tocaba asesinar personas. Sé que no es correcto, pero cuando toca asesinar a alguien no es porque a uno le guste, sino porque lo obligan, y porque estábamos defendiendo algo que era de nosotros. Nadie me forzó a que me metiera al grupo, y por eso el trabajo no se me hacía pesado. Claro que además nos pagaban 300.000 pesos mensuales. Pero ahí no había nadie que estuviera por plata o por pereza de trabajar; todos peleaban por algo: porque les habían quemado la casa o les habían matado al papá o al hermano. Casi todos ingresaron por venganza. Lo que más me gustaba era la unidad del grupo, porque sus miembros eran vecinos y se distinguían desde pequeños, y la mayoría eran familia: hermanos, primos, sobrinos. Lo otro es que le tenían mucha confianza a uno; lo habían visto crecer a la par de ellos y lo distinguían bien, entonces nadie tenía dificultades. Claro que como en cualquier grupo que es asesino, a uno le tocaba hacer cosas. Para qué voy a decir que allá no mataban; sí, allá mataban gente y se hacían masacres. Es duro, pero como dicen allá: «El que no sirve para matar, sirve para que lo maten».

En mi tierra había unos que estaban metidos en la autodefensa, el resto eran puros campesinos que se mantenían trabajando. Los que peleaban lo hacían con escopetas de fisto, revólveres; no tenían buenas armas. Cuando quemaron las casas fueron por allá donde Castaño, tuvieron entrenamiento y les dieron armas buenas; ahí se formó bien la autodefensa. Antes por allá nadie peleaba, eran campesinos que no estaban enseñados a matar. Cuando se formó el grupo empezaron a asesinar gente, y a lo último ya masacraban; personas que uno no creía que fueran capaces de hacer esas cosas, comenzaban a despedazar otra gente; todo lo hacían por venganza. Yo miré cuando descuartizaban, pero nunca llegué a despresar a nadie.

Nos entrenaron durante cinco meses, solamente con palos. Nos daban un pite de palo y teníamos que responder por él como si fuera un arma. Cuando íbamos a comer, al principio, uno decía: «Yo dejo este palo por aquí botado y después lo recojo», pero nos vaciaban; nos decían que si así íbamos a cuidar las armas cuando nos las entregaran. Uno tenía que estar siempre pendiente del palo; tenerlo en las piernas o al ladito, y nunca lo podía dejar botado. Otras veces nos llevaban a un potrero lleno de vacas, nos hacían avanzar entre la mierda y arrastrarnos sin alzar los tobillos. Si uno comenzaba a apuntalarse en los dedos de los pies para llegar más ligero, se le paraban en los tobillos.

Después anduvimos por Puerto Saldaña y por otros pueblos. Me tocó participar en varios combates. El más fuerte fue uno que presentí. Nosotros convivíamos con la Policía. De día andábamos de civil y de noche nos camuflábamos y patrullábamos dos policías y dos autodefensas, en guardia, a lado y lado. Un día llegó un muchacho y dijo que la guerrilla venía bajando por los filos de las montañas. En ese tiempo estaban dando «La Caponera», que me gustaba mucho. Nos pusieron en alerta esa noche pero yo me fui a ver la televisión. Siquiera no pasó nada. Cuando se acabó la novela, me fui para la guardia. Me tocó doblarme porque el chino al que le entregaba turno se fue para donde la mujer y no llegó. De doce a tres presté guardia y luego me acosté. Me puse a soñar que nos habían atacado, que íbamos de huida y que yo llevaba un mortero. Cuando me desperté, no estaba acostado sino sentado, con el mortero en los brazos. Les conté a los otros y nos reímos. Había un cuchito con nosotros, Rafael, quien se echó la bendición y dijo: «Gracias a Dios que esta noche no nos atacaron». Pero no había acabado de hablar cuando comenzaron a sonar los rafagazos.

Había tres grupos: uno en la entrada del pueblo, otro en la mitad y el otro a la salida. Nosotros estábamos en la entrada. Los rafagazos sonaron primero en la salida. Después se oyeron en el segundo grupo y de pronto nos tocó a nosotros. Yo pegué carrera y me metí detrás de una tumba, porque en seguida de la casa en donde estábamos, quedaba el cementerio. Al lado mío se escondió el man con el que me había soñado que salíamos corriendo. Él se metió detrás de otra tumba y yo iba con el mortero que me había soñado que cargaba. Eso era plomo por todo lado. Y por muy áspero que uno sea, siempre le da miedo.

Yo había estado en otros combates, pero a distancia; uno se podía proteger. En cambio en este ellos se encontraban muy encima de nosotros. Era un cementerio de unas doscientas tumbas. Los guerrilleros estaban en las primeras y nosotros en las últimas y si uno movía la cabeza, llegaban los rafagazos. Los enemigos se movían de lado a lado y hacían traquear el monte. Nosotros decidimos no dar plomo, nos quedamos quieticos. Cuando pillamos a la gente muy encima, saqué el mortero y aventé la primera granada. Pero el mortero siempre bota una colcha de humo y por eso nos localizaron y nos cogieron también a mortero. Se levantaban las lápidas y caían pedazos de hueso por todos lados. Le pegaron a la esquina de la tumba que me protegía y yo corrí con el man. Yo rezaba: «Dios mío, si usted me salva de esta, le prometo que hago lo que sea».

Cuando se calmó un poquito la balacera, vimos al cuchito Rafael; entonces lo llamamos para que nos ayudara. Él se estaba cruzando hacia nosotros cuando le pegaron un tiro en la cabeza y cayó. Eran como las siete de la mañana; el cuchito murió comenzando el combate. Nos entraron ganas de ir a quitarle el arma, pero no podíamos porque lo tenían localizado, y si nos acercábamos, nos mataban. Tocó dejarlo ahí y abrirnos. Anduvimos un rato quebrada arriba, hasta que encontramos una casa. Ya nos íbamos a meter cuando vimos que estaba llena de guerrilla; entonces nos resbalamos por la quebrada otra vez. Seguimos subiendo hasta llegar a un filo. Eran como las ocho de la noche. Oímos llegar un helicóptero y luego escuchamos esa mano de cilindros que le caían al pueblo.

Era una noche oscura y estábamos en el monte. Eso nos ayudó. Como a las once nos metimos a un rastrojo y nos ubicamos detrás de unos palos, cerquitica del filo. Como a las dos de la mañana llegó gente. Creímos que eran los otros compañeros, que también estaban perdidos, hasta que se pusieron a hablar. No se veía nada, pero oíamos una conversadera. Decían: «Nos han matado hartos, pero con esos cilindros les vamos a acabar hasta con los huevos a esos hijueputas paracos». El man con el que yo andaba, que era un cuchito como de 38 años, me dijo pasito: «Bueno, Ricardo, acá es donde nos vamos a hacer matar». A pesar de que tenía un miedo ni el hijueputa, el cucho me daba moral. Uno se asusta cuando está con alguien temeroso, pero cuando está con una persona que lo ayuda es distinto. Él me veía con miedo y me decía: «Fresco, nosotros salimos de acá, no nos vamos a morir. No se preocupe, tranquilo, que uno no se muere la víspera; uno se muere el día. Póngale cuidado que mañana estamos contando la historia». Eso me daba mucha moral.

El cuchito comenzó a dispararles y yo lo seguí. Todo estaba muy oscuro, pero a lo que uno dispara se ven los candelazos y lo ubican; entonces ellos también empezaron a darnos. Yo tenía el mortero, pero ya sin municiones, y un AK-47, y el cucho una San Cristóbal, pero teníamos casi todo el parque, porque no habíamos botado plomo de ráfaga sino tiro a tiro; donde veíamos que se movían, ahí era donde les dábamos. Nos metimos más abajito, como enterrados. Decidimos no correr porque hacíamos mucha bulla y nos podían pillar. Entonces nos quedamos quieticos en la pura oscuridad; no se veían ni las manos.

Cuando empezó a aclarar nos fuimos metiendo, pero por el ruido nos ubicaron. De pronto una granada de mortero nos cayó en las patas. Yo dije: «¡Ay, Dios mío! Aquí nos mataron». Del susto tan áspero no me tiré al suelo ni nada; me quedé paralizado esperando el totazo, y el cucho también quedó frío. Cuando no reventó, el cucho dijo: «En esta nosotros ya no nos morimos».Yo quedé contento. Reaccionamos y pegamos carrera por la quebrada arriba. Subimos a un camino donde ellos se estaban cruzando de un lado a otro.Ya eran como las diez de la mañana. Nosotros los veíamos y el cucho me dijo: «Espéreme acá, que yo no demoro». Le contesté que no: «Si nos matan, que nos maten a juntos».Yo no era de valiente por irlo a acompañar, sino por no quedarme solo. Me dijo que no, que lo esperara, y tocó. Me escondí detrás de un palo, ya con sueño y hambre, más calmado. Estaba quedándome dormido, esperando al cucho que nada que llegaba, cuando pram, unos rafagazos ahí encimita. Pensé que le habían dado al cucho.

Yo estaba todo asustado, no hallaba qué hacer: si moverme de ahí o quedarme, despistado del todo. Cuando sentí el tropel de ahí para abajo, deseguré la AK y dije: «Acá me voy a hacer matar, ya no tengo más para dónde moverme; si me muevo, hago más ruido con el rastrojo y más ligero me ubican». Estaba detrás de unos palos cuando vi al cuchito: llevaba dos AK-47; había quebrado a dos guerrilleros con un rafagazo. Ese cucho no se cambiaba por nadie. Seguimos bajando como media hora más, hasta que llegamos a un cafetal grande, cerca del pueblo. Eran como las cuatro de la tarde. Los otros nos estaban buscando, pero creían que nos habían matado. Cuando entramos, había llegado el Ejército. Nos metimos con fusiles y todo. Estaban todos los cuchos amontonados, pero ya de civil.Y los del Ejército nos dijeron: «Quítense eso ligerito y vístanse de civil».Todos se pusieron muy contentos con nosotros. Cogí buena fama.Yo no había ayudado mucho, pero el cucho dijo que los dos habíamos hecho todo. Gracias a eso me dieron plata para que le mandara a mi mamá.

Al mes completico volvieron y nos atacaron. Duró seis días esa plomacera en el mismo pueblo, en Puerto Saldaña. Ya no pudo llegar el Ejército, sólo aviones cada nadita, reventando bombas. La gente se desmoralizó y empezó a salir otra vez desplazada. En el primer ataque huyeron desplazados y a los 20 días volvieron al pueblo. Quedamos la pura Policía y nosotros. Entonces nos abrimos y comenzamos a andar. Fue muy duro, porque cada nada nos tropezábamos con la guerrilla, y otra vez la plomacera. Después de tres meses de andar de noche y descansar de día, llegamos al Guamo. Pasamos cerca del Espinal y de Dolores. Caímos a Ataco el 31 de diciembre del año pasado y el 1° de enero nos dedicamos a pasar remesas de un río a otro. No habíamos sino cinco y el Ejército nos cogió a plomo, porque las autodefensas se habían puesto a matar campesinos. Yo me metí detrás de unas piedras y los otros se levantaron a correr para atrás. Luego oí que sonaba plomo atrás y pensé que eran los chinos; me fui para allá y sólo encontré al Ejército. Me cogieron y me echaron para Ibagué.

Yo tenía quince años. Llegué a la correccional, donde me trataron muy bien. Lo duro fue el encierro y convivir con gente viciosa, que es lo más cansón. A los cuatro meses y medio de estar allá me dijeron que me iban a pasar a estos programas, entonces me dieron la oportunidad de que le llevara comida a un chino. Me decían: «Usted va a salir bien de acá, lo van a llevar a un programa chévere». Y yo pensaba: «Cuál programa; acá me van a dejar podrir». Vi la oportunidad y comencé a darle a una pared delgadita con una cosa de hacer gimnasia, hasta que abrí un hueco y me pude volar. Me fui de nuevo para la autodefensa. Me recibieron muy bien y yo me puse contento porque estaba otra vez con mis amigos. A los tres meses me dieron permiso para que fuera a visitar a mi familia a Bogotá, pero yo tenía una novia en Ibagué. Me advirtieron que no fuera a verla porque me podían volver a capturar y ahí sí me podría en la cárcel. Les dije que tranquilos. Cuando fui a coger el bus, pensé: «¿Cómo no voy ir a visitar a mi novia? Ibagué es grande, imposible que me capturen. La veo un rato y arranco para Bogotá ligerito». Llegué a Ibagué, fui donde mi novia y fuimos a bañarnos en piscina. Resulta que yo no sabía leer y al frente quedaba una dependencia a la que no le puse cuidado. Me bañé y estaba parado en la reja mirando la carretera, cuando salió un policía que me reconoció. Me puse la ropa ligerito para arrancar a correr, pero no hubo caso. Me llevaron otra vez a la correccional. Yo di otro nombre y negué todo. El policía decía que yo sí era, y yo que no. Hasta que llamaron al director y me saludó: «Hola, mijo, cuánto hacía que no nos veíamos». Se me tiró todo.

Ahí seguí pagando tortura. Me volví una porquería, comencé a pelear por todo, a portarme mal. Le pagué a un chino tres días de comida —no comí esos días— por un pedacito de segueta. Comencé a darle a la reja de una ventana, dele y dele; teníamos que trozar tres varillas para podernos volar. Ya llevábamos dos, y para que no vieran el hueco, las pegábamos con jabón. Faltaba sólo la mitad de arriba de la tercera. Yo pensé: «Esta noche nos volamos». En esas hubo una requisa, un trabajador se recostó contra la pared y el jabón no resistió. Se cayeron los pedazos de varilla. Nos sacaron de ahí y se dieron cuenta de que yo era el que tenía el pedazo de segueta. Esculcaron y esculcaron hasta que la encontraron metida en la taza del baño. Nosotros trozamos tela y le sacamos los hilos. Con esos hilos amarrábamos la segueta y la metíamos dentro de la taza. Cuando íbamos a hacer las necesidades, la sacábamos y después la metíamos de nuevo. A la una o dos de la mañana, cuando los educadores y los policías estaban dormidos, nosotros trabajábamos.

Me dieron otros dos meses por intento de volarme, y empecé a desordenarme más. Me llevaban a la panadería y dañaba las cosas, buscando lo que me pudiera servir para volarme. Me sacaban a barrer tantico y comenzaba a darles a las paredes buscando por dónde volarme. Estaba desesperado, hasta que completé tres meses y me sacaron para Bogotá, a una casa donde también tuve peleas. De ahí me llevaron a otra ciudad y ya me tranquilicé. Nadie me preguntó de dónde era ni de dónde venía. Después ya nos hicimos amigos y nos confesamos cosas, y todo bien. Ya no hay conflictos. Estoy estudiando contento.

Epílogo

Los niños y el conflicto armado colombiano

En el año 2002, cuando salió la primera edición de este libro, había cerca de 10.000 adolescentes en armas en Colombia[1]. Según un informe de la Defensoría del Pueblo, el 89 % de los niños que dejaron las

---

1   En ese momento era difícil saber con exactitud el número de niños y niñas vinculados al conflicto colombiano, dado que pertenecían a grupos irregulares. Por tanto, se hicieron estimativos a partir de documentos de diversas organizaciones. En *Watchlist on children and armed conflic en Colombia*, promediando datos de la Ombudsman's Office, Human Rights Watch y Coalition to Stop the Use of Child Soldiers, 2003, calculan la cifra entre 11.000 y 14.000 niños en la guerra en Colombia: http://watchlist.org/wordpress/wp-content/uploads/WL-Press-Release-Colombia-20042.pdf. Ver también: «Aprenderás a no llorar: niños combatientes en Colombia», de Human Rights Watch (https://www.hrw.org/legacy/spanish/informes/2003/colombia_ninos.pdf, página 6), donde se afirma que existían por lo menos 11.000 niños en armas. En ese mismo informe (p. 17) se cita que la oficina en Colombia del Alto Comisionado de las Naciones Unidas para los Derechos Humanos (ACNUDH) hace un cálculo de 14.000 niños combatientes, de los cuales 7.000 pertenecen a fuerzas regulares y 7.000 a las milicias urbanas.

armas vivía con sus familias antes de ingresar a la guerra y, de ellos, el 42 % recibía castigo físico[2].

En estos duros relatos se alcanza a vislumbrar la vida de niños, niñas y jóvenes que han sido instrumento de la guerra fratricida que carcome el país desde hace décadas. Son muchachos sobrevivientes que en sus cortos años han vivido mucho más de lo que la mayoría de los seres humanos alcanzan a experimentar. Sus historias están marcadas por la exclusión a la que se han visto sometidos, y por las tremendas acciones que han protagonizado en este cruel e inhumano conflicto. Las historias de estos niños llevan a descubrir episodios de la guerra que desde las ciudades no se alcanza siquiera a sospechar que hayan sucedido en el país.

Y vienen las preguntas más concretas: ¿De dónde provienen estos niños, niñas y jóvenes que hacen la guerra en Colombia? ¿Por qué ingresan a los grupos armados? ¿Qué sienten, qué piensan, qué sueñan estos muchachos?

Analizando el material que contiene el libro, y revisando otros trabajos que abordan el tema, se pueden visualizar diversas causas que llevaron a los jóvenes a ingresar a las filas de los grupos armados, las raíces sociales, políticas, económicas, afectivas, familiares que los condujeron a participar en el conflicto colombiano.

La mayoría de los jóvenes proviene de regiones sumidas en la miseria. Una de las niñas contó que ingresó a la guerrilla porque llevaba dos días sin comer. Un muchacho expresó que se unió a los paramilitares porque en su casa se comía sólo una vez al día, a las seis de la tarde. Las vidas personales de estos muchachos son caóticas. En lugar de afecto, com-

2 Defensoría del Pueblo, *La niñez en el conflicto armado colombiano* (http://www.unicef.org/colombia/pdf/boletin-8.pdf), p.5.

prensión o cariño, han recibido maltrato cotidiano, que va de la agresión física a vejámenes y violaciones. Varios factores se combinan para abandonar la familia y tomar las armas: crisis económica familiar, maltrato, falta de oportunidades y de formación.

Buena parte de los niños y niñas se vinculó a la guerra por no tener posibilidad de desarrollo. Muchos de estos menores no tienen acceso a centros educativos, a una vivienda digna, a servicios de salud, a alternativas de vida que signifiquen crecimiento personal, laboral o familiar. Algunos de ellos no quieren regresar con sus familias y piensan que si tienen hijos les darán un tratamiento diferente del que ellos recibieron. Pese a lo anterior, la familia continúa siendo el referente más fuerte de estos muchachos, pues no obstante el maltrato que sufrieron en su infancia, de todas formas mantienen vínculos con sus familiares.

En general los jóvenes no tenían una formación política fuerte y en las casas de Bienestar Familiar, al poco tiempo de llegar, se hicieron amigos muchachos y muchachas pertenecientes a bandos opuestos. Una pareja conformada por un joven exparamilitar con una exguerrillera tuvo un hijo.

Uno de los jóvenes del libro habla de cómo vino a tener sus primeras clases de educación formal cuidando a un secuestrado. Su historia da cuenta de que su padre también fue guerrillero —una característica que se repite: varios de los muchachos relatan que familiares o amigos estaban en los grupos armados—, y refleja cómo estos muchachos buscan quién los acoja, pero cuando reciben maltratos abandonan y buscan nuevas salidas.

En sus historias de vida varios de los adolescentes cuentan cómo pasaron del maltrato familiar, la mendicidad, la calle y el robo, a la guerrilla o a los paramilitares, porque no encontraron otras opciones. Son muchachos que no han tenido posibilidad de vivir su infancia con alegría y cuidados.

Otro elemento de riesgo de reclutamiento es que la mayoría de los jóvenes habitaban regiones en las que la presencia del Estado es insuficiente o casi nula, zonas manejadas por determinada agrupación, en las que el grupo significa el ideal de vida y en donde las armas y la pertenencia al grupo determinan las aspiraciones y el poder. Allí se origina la fascinación de varios de ellos por las armas y el poder que les otorgan en su entorno social.

Muchos de estos jóvenes sufrieron rechazo en sus familias y ven al grupo armado como un núcleo sustituto que les da sentido de pertenencia y afecto, pese a lo que los obliga a hacer. Allí están buena parte de sus principios, su moral, sus costumbres, valores, creencias, normas de comportamiento y redes de afecto. Estos niños y jóvenes han desempeñado el papel de adultos y han sido formados bajo disciplina rígida, entrenamiento militar y particulares creencias del honor y la lealtad.

Ahora

El proceso de reinserción de los paramilitares dejó vivos a sus herederos, las llamadas Bacrim, y los niños que estaban con los paramilitares fueron abandonados a su suerte, como se muestra en el prefacio de esta edición. El proceso de paz con las FARC avanza, y se espera que no se repita lo que sucedió con los jóvenes vinculados a los paramilitares. Pero lo cierto es que mientras existan en muchas regiones del país condiciones de pobreza, ausencia del Estado, falta de posibilidades de educación, salud, vivienda y trabajo adecuado, difícilmente estos niños y jóvenes tendrán un presente y un futuro dignos, así que podrán seguir siendo reclutados fácilmente para la guerra o el delito.

(Este texto se construyó a partir de charlas ofrecidas por el autor en eventos para presentar el libro, tanto en el país como en el exterior, entre ellos: Conferencia Internacional «Niños en regiones de conflicto y guerra», Bonn, Alemania, marzo del 2003; Encuentro internacional «Los niños en la guerra», Universidad de Alberta, Edmonton, Canadá, abril del 2004; Conferencista invitado a la Universidad de Estocolmo y a las sedes de Rädda Barnen en Suecia para hablar sobre Colombia y los niños de la guerra, febrero del 2004 y Conferencia Mundial de Prevención de Violencia Familiar, Banff, Canadá, octubre del 2005).

GUILLERMO GONZÁLEZ URIBE,
junio del 2016

Otros libros consultados

«Guerreros sin sombra», Julián Aguirre Buenaventura y Miguel Álvarez-Correa, Procuraduría General de la Nación, Instituto Colombiano de Bienestar Familiar, Bogotá, 2002.

«Desconexión Colombia», Marina Valencia, editora. Textos e investigación: Patricia Barón, Martha Isabel Jordán, Omar Rincón y Marina Valencia. Estudio financiado por la OIM y realizado por el Cerlalc.

Apéndice
Pasado y presente de
los niños de la guerra

Diálogo con Julián Aguirre

*Conocí a Julián Aguirre a comienzos de la década del 2000,
cuando se desempeñaba como coordinador del Grupo de Atención
a Niños Víctimas de la Violencia por el Conflicto Armado, del
Instituto Colombiano de Bienestar Familiar (ICBF). De inmediato
hubo empatía, pues nos unía la pasión por el tema. Julián me dio
las pistas para conocer el programa, que me confirmó la existencia
de proyectos que funcionan bien dentro del Estado, gracias a la
dedicación de quienes están al frente de ellos y al respaldo de las
directivas. Continuamos una relación intermitente, que nos juntaba
cada tres o cuatro años para charlar del mismo asunto: los niños
en la guerra. Así que cuando preparaba la edición de este libro nos
sentamos de nuevo a conversar. Era una diálogo para orientarme,
pero al leer la transcripción sentí que lo más indicado era publicarlo,*

*dado que cuenta una historia que aporta luces sobre lo que ha sido
el proyecto y para lo que viene dentro del proceso de paz con las
guerrillas. Julián estuvo al frente del programa de los niños de la
guerra entre los años 2000 y 2006.*

**Julián, nos encontramos de nuevo ahora, a los quince
años del libro Los niños de la guerra. Desde 1998 estuviste en la creación del proyecto de Bienestar Familiar
dirigido a estos niños.**

Es paradójico estar conversando hoy, porque en 1999
el país también estaba con la esperanza de un proceso
de negociación con las FARC. Esa atmósfera del país le
imprimió entonces, al Estado y a Bienestar Familiar, una
especie de optimismo para vislumbrar que era posible
atender a estos chicos de manera distinta a como se venía
haciendo. Ese entorno de país favoreció la formulación
de un proyecto que se ubica en medio de tres paradigmas
de atención a la infancia: el tradicional de la protección,
es decir, la atención a los niños y adolescentes de escasos
recursos, en un extremo; en el otro, la atención a los niños y adolescentes que han infringido la ley en el sistema
de responsabilidad penal de adolescentes y, algo valioso:
lo que hicimos fue colocar en medio a las víctimas de
la violencia. Estamos hablando de 1998, 1999, cuando
no había ley de víctimas; cuando el tema de las víctimas
era muy incipiente, casi no se reconocían; prácticamente
no existían como tales y nosotros comenzamos a hablar
de que estos niños y niñas eran víctimas.

¿Víctimas y victimarios?

Eran las dos cosas, pero con más fuerza nos referimos
a ellos en su condición de víctimas. Reconocer esa

condición implicó poder pensar en un programa que tomara lo mejor de la protección, pero que a su vez reconociera que eran victimarios; que habían infringido la ley y que de alguna manera podían estar en una especie de mundo alterno al de la privación de la libertad y la responsabilidad penal, que era la oferta que tenía en ese momento el ámbito de la protección en Colombia y en el mundo.

¿Víctimas por haber sido forzados, por diversas circunstancias, a ir a la guerra?

Hubo varios factores que incidieron en el proceso de definición de estas categorías. Aquí desempeñó papel importante Luis Fernando Maldonado, profesor de la Universidad Nacional, que trabajó con Adelina Covo, quien fue la directora del ICBF antes de Juan Manuel Urrutia. Maldonado contribuyó en la discusión sobre lo que significaban los derechos humanos de los niños, pues se hablaba sobre los derechos humanos del hombre en general, pero no sobre lo que significaban los derechos humanos para los niños y las niñas. De esa discusión, que se dio por la misma época en el mundo, surgió un hecho muy valioso, que es la Convención de los Derechos del Niño[1]. Y hay un antecedente mundial muy interesante, que es el estudio de Graça Machel (esposa de Nelson Mandela) sobre niños en la guerra, de 1996[2]. Son los hitos que crean un entorno de posibilidades para comprender de manera particular el problema de

1   Convención de los Derechos del Niño: http://www.un.org/es/events/children-day/pdf/derechos.pdf.
2   Machel, Graça, Estudio presentando a Naciones Unidas sobre las repercusiones de los conflictos armados en los niños, 1996: http://www.acnur.org/t3/fileadmin/Documentos/BDL/2008/6260.pdf?view=1.

los chicos que van a la guerra y por lo tanto infringen la ley. Propicia además la construcción del concepto de víctima sobre el de victimario y permite la protección de la víctima. Este es el origen, el sustrato. Además están los planteamientos sobre los derechos humanos, no únicamente a partir de la denuncia sino desde la garantía de los derechos humanos.

Una visión centrada en los derechos de los niños y jóvenes que han participado en la guerra en Colombia.

Claro, porque independiente de la naturaleza política del actor armado, la práctica de vulneración de derechos es la misma. Entonces, ahí lo que toca pensar es cuáles son los escenarios jurídicos. Y del otro lado hay que pensar en el sujeto, en el niño, y no solamente en él, sino en sus familias y comunidades; qué les ha sucedido independiente de quién esté disparando los tiros, la Fuerza Pública, las Bacrim, los Urabeños, las FARC, el ELN, el EPL, o el que se quiera; finalmente son los mismos tiros, es el mismo reclutamiento con complejidades distintas.

Los niños y jóvenes que son la carne de cañón en las guerras, a través de la historia.

Sí, ellos son la materia prima de todas las guerras; los que van a la guerra son los jóvenes, los más viejos la vemos desde la barrera. Se diseña entonces el programa con este enfoque y nos vamos a la operación. Logramos construir una visión que dejaba de reconocer al chico como delincuente en el sistema de responsabilidad y dejaba a su vez de reconocer al niño como un sujeto pobre a quien se le hace la caridad. Así nos salimos de los paradigmas de la caridad y la criminalización del joven, e instauramos esta lógica de victimario y víctima sujeta de derechos. En cuanto a la operacionalización del asunto, implicó la creación un modelo de atención muy particular. Recuerdo cuatro principios que eran básicos para lo que queríamos hacer.

EL PRIMERO, no queríamos atenderlos encerrándolos ni privándolos de la libertad. Es decir, los acogíamos en cuanto estaban libres y permanecían en las casas de forma voluntaria. Este ha sido un principio muy fuerte, tan fuerte, que hoy en día se sigue discutiendo en el proceso de atención a los chicos de las FARC, y nos toca explicarlo en cada momento. Los chicos que están en la guerra y salen de ella pueden recibir la atención del Estado si ellos quieren, es decir, de manera voluntaria. La única forma de forzarlos sería privándolos de la libertad. Es un paradigma legal que se mantiene: los chicos llegaban y se podían ir. Llegaron muchos y se fueron muchos, pero esa era la apuesta.

Usted me contaba en el 2007 que había un 25 % de deserción en el programa.
Sí, pero creo que utilizaría mejor el concepto de *abandono* del programa, porque quien deserta lo hace porque está forzado a estar en algún lugar. No es eufemismo sino precisión en el nombrar; yo deserto cuando estoy a la fuerza. Ese principio de la voluntariedad y del no encierro es clave, porque es una apuesta que se podría llamar romántica, si se quiere, pues es la posibilidad de creer que las personas pueden transformar sus vidas y ese es un sueño, que es diferente a los sueños más autoritarios de control.

Es lo que quisiera profundizar, porque de los niños y niñas que salieron en la primera edición del libro, los que volví a entrevistar ahora en general van por buen camino, y son producto del programa.

Habrá unos que tuvieron más líos y otros que no. Y habrá otros a los que les pasaron mil cosas, pero por su decisión. Yo puedo encerrar como lo hace el sistema penal de jóvenes y niños estadounidense; puedo encerrar 20 años a un chico, como lo hacen los ingleses, y en 20 años se lo entrego a la sociedad diciéndole: «Dentro de niveles de violencia altísimos, éste no delinquió, estudió, se alimentó», pero estuvo encerrado, y acabé una vida. ¿Qué hice? Puse una vida en suspenso 20 años. ¿Con eso cambié algo? ¿Transformé a esa persona? ¿Cambié a la sociedad? ¿Protegí a otros para que éste «no fuera» y ahora que sale «no vaya a ser»? No sé. Ahí hay muchas preguntas complejas.

EL SEGUNDO PRINCIPIO que planteamos fue el de la atención ejercida, en lo posible, por un Estado laico, no por las comunidades religiosas, y esto es muy complicado. Claro, esta es la misión de ellas. Pero, ¿por qué hacíamos este cambio? El nuestro es un Estado que tiene que garantizar derechos, y quien garantice derechos no lo hace desde la caridad, lo hace desde el reconocimiento directo como sujeto y no desde el reconocimiento como sujeto de anticivilización. En esta visión pudimos avanzar un tiempo, pero después retrocedimos, porque empezamos con muchas ONG de la sociedad civil, pero algunas no sobrevivieron porque no tenían el músculo financiero. Otras se fueron fortaleciendo. La experiencia se fue construyendo, porque no la tenían o no les interesaba tenerla si no se les pagaba lo que ellas querían. Como sociedad civil optamos por fortalecer ONG no religiosas.

El **TERCER PRINCIPIO** del modelo de atención, ligado con el anterior, era ser mixto, es decir, que en un mismo espacio convivieran niños y niñas. Un aspecto complejo, porque si se le proponía a una ONG no religiosa, ésta medianamente lo podía aceptar, pero si se le proponía a una comunidad religiosa, ésta no lo aceptaba.

Me sentaba a hablar con los directores de los institutos y les decía que la división del mundo entre hombres y mujeres, entre sacerdotes y monjas, era de ellos y perfectamente respetable si ellos decidieron organizarse así. Pero que lo que pasaba era que la vida no se organiza así, que si ellos separaban los chicos y las chicas no íbamos a avanzar en una sociedad más equitativa, más incluyente, más respetuosa de los géneros, sino que lo único que íbamos a hacer era posponer la discusión de género. Eso a los religiosos les costaba mucho. Esa convivencia de chicos y chicas llevaba a otros temas. Por ejemplo, en una época hubo discusiones con Profamilia, dado que pusimos dispensadores de preservativos en las instituciones, porque el modelo nos llevaba a asumir el tema de la salud sexual y la reproducción de los chicos, en lugar de negarla y hacer que se tramitara, como le sucede a la Iglesia católica, por debajo de la mesa y mediante el abuso. Dijimos: no hagamos eso, tramitemos la salud sexual de los chicos… Si es difícil en la sociedad actual, en los años 1999 y 2000 era aún más complejo.

EL CUARTO PRINCIPIO era que en el mismo espacio, en las mismas casas, convivían chicos de los diferentes grupos, algo que fue fundamental. Y lo es en términos de política, reconciliación, reparación, en términos de todo lo que hoy en día menciona la ley de víctimas, en términos de la reconstrucción del tejido social. Ha sido de los temas que más me han fascinado y emocionado: ver que es posible habitar en un país donde podemos vivir juntos sin que necesariamente eso signifique dejar de pensar distinto.

En estas casas, a los quince días, al mes de llegados, se les olvidaba a los muchachos de qué grupo venían. Se juntaba el joven que había estado con los paramilitares con la muchacha que venía de las FARC. Recuerdo que había un muchacho paramilitar, el que cuenta en el libro las historias más duras, que era quien protegía en una casa a las niñas, provenientes de distintos grupos, para que no las molestaran los muchachos. A esa edad son más factibles cambios radicales en la personalidad y en el sentir.

Sí, era de suma importancia el hecho de recibir en una misma casa a chicos que venían de diferentes grupos. Uno puede ideológicamente pensar el mundo de una manera, pero en la práctica tenemos que resolver cosas. O tocaría entonces hacer una casa para los chicos de cada grupo y, por ejemplo, si los de las FARC del Caquetá no se quieren con los de las FARC de la costa, entonces tenemos que hacer una casa para los de la costa. En últimas tendríamos que hacer guetos y guetos para poder vivir. Lo que dijimos fue no, con todos los riesgos que significaba, como que se agredieran, pero teníamos la intuición de que no iba a ser así, que si había suficiente acompañamiento, suficiente reconocimiento y respeto, y una propuesta clara, sobre todo ligada con el tema de no encierro y construcción del sujeto voluntario, podíamos encontrar otros escenarios de convivencia. Siento que esa intuición funcionó, porque en quince años se registran muy pocas agresiones entre los chicos.

Sí, podían tener diferencias, pero no había esa agresión que se ve en Bogotá cuando un carro se le cierra al otro; hay más agresiones acá afuera que dentro de esas casas.
En perspectiva pensaba en lo que los chicos lograron hacer, porque lo hicieron ellos y lo logró toda esta dinámica: demostrarle a la sociedad que sí es posible convivir pensando distinto. Incluso, convivir en espacios comunes a pesar de haber sido enemigos a muerte en el sentido literal, no metafórico. Compartir la dormida, la comida; compartir, sobre todo, las dificultades de hacer la vida fuera de la guerra. Eso de alguna manera los acercaba. Porque resulta que eran las mismas dificultades y ahí hay un horizonte: «Oiga hermano, ¿cómo nos movemos en esta ciudad? ¿Cómo voy a ir a la escuela?».

Se vuelven «llaves» entre ellos, pese a los orígenes armados disímiles, para encontrar formas de sobrevivir.
Hay parejas. Muchos de los chicos hicieron parejas entre ellos, entre otras cosas porque su noción de familia se transformó profundamente. Siempre he dicho que estos chicos han sido algo así como niños «adultizados».

Pelados de los diez a los diecisiete años que dentro del programa artístico se relacionaban como niños de cinco años, porque no habían tenido infancia; estaban apenas descubriendo los juegos infantiles.

Descubriendo mucho del mundo de la infancia. Alguien decía que la infancia es el territorio en el que transcurre la niñez. Estaban encontrando un territorio dónde vivirla y el modelo del programa lo facilitaba.

En los grupos armados no tienen esa posibilidad.
No. Ahí suceden otras cosas, pero aquí hay en dónde vivir la infancia y la adolescencia. Y con estas reglas de juego, que eran bastantes transgresoras de los modelos de convivencia infantil y juvenil en ese momento, pues los chicos encontraban unos horizontes muy complejos. No quiere decir que era el reino de la mermelada y la felicidad; al contrario, creo que eran temas propiciadores de muchos conflictos, que rebasaban los modelos de atención de ese entonces y que obligaban a nuevos escenarios de repensar la infancia, la cultura, la convivencia.

Hablábamos hace varios años de que incluso varios comandantes guerrilleros fueron niños o jóvenes en la guerrilla, como Manuel Marulanda de las FARC, y un comandante del ELN, cuyo nombre no recuerdo...
Gabino, Nicolás Rodríguez Bautista, él entró de 15 años. Creo que esta sociedad ha logrado reproducir y transmitir, de generación en generación, lo que yo podría llamar los dispositivos de la guerra; los ha validado, los ha enseñado, los ha vivido, los ha colocado en el lugar del goce de la sociedad, los ha colocado en el lugar de la representación civil.

Sí, la alternativa de vida, los modelos de vida para muchos. En el 2007 hablaba de algo de más de 3.000 niños

y niñas que habían pasado por el programa. ¿Cuántos han estado en los últimos años en el programa y en la guerra?

A hoy han pasado por el programa 6.008, entre niños y jóvenes. Sobre los niños que han estado en la guerra como combatientes, cualquier cifra que se dé es una especulación, es un estimativo, pero podría pensar fácilmente que en Colombia han pasado cerca de 20.000 niños como combatientes.

Sí, porque en el 2002 se calculaba que había diez o doce mil niños en armas. ¿El programa de atención a niños y jóvenes desvinculados del conflicto sigue hoy?

Aún continúa. Yo señalaría dos puntos: uno, los fuertes cambios que ha habido en el perfil de los chicos, y dos, qué ha sucedido con el programa.

En los primeros años, de 1998 al 2002, hubo un gran porcentaje de chicos de las FARC, del ELN y de las AUC de origen rural; esos fueron los que conociste. Una extensión rural campesina, porque había un fenómeno de reclutamiento rural en las zonas estratégicas, en momentos en que se dan las salidas estratégicas de las FARC, de oriente hacia las cordilleras y los centros urbanos, pero digamos que su centro eran las zonas rurales y llegaron chicos rurales campesinos. En el caso de las FARC eran chicos sanos, de las familias colonas campesinas de las FARC, y esa es una característica cultural muy fuerte.

Varios de ellos relataron que su papá fue guerrillero, su tío, familiares, amigos.

Sí, su entorno familiar estaba vinculado a la guerra, como combatientes, como apoyos.

Hablaba de que eran «chicos sanos».

Con lo de «sanos» me refiero a que no estaban afectados por el consumo de psicoactivos ni por el consumo
interno de lo que significa lo urbano. Eran muy rurales,
y eso hacía que fueran incluso muy manejables, porque
además venían de un régimen militar serio, rudo. Estaban habituados a cumplir órdenes, así que se adaptaban
fácilmente a las estructuras normativas autoritarias, pero
entraban en crisis en estos modelos abiertos, y ese era el
sentido, que entraran en crisis: «Usted decide; dígame
usted qué decide».Ya no tenían que obedecer ciegamente,
un cambio total: «¿Usted qué quiere hacer?». El programa
estaba impregnado por la discusión de lo pedagógico.

Después del 2002 comienzan a llegar más chicos
de las AUC Recuerde que en el 98, en el 99, empieza el
auge, la expansión y el reclutamiento de las AUC.Y en
el 2002 comienza el proceso de negociación de Uribe
con ellas. Entre el 2002 y el 2006 hay un pico de lle-
gada con la desmovilización de las AUC, y llegan cerca
de 400 chicos entregados por ellas. Cuando empieza la
negociación, las AUC anunciaron que estaban compuestas
por 16.000 combatientes, y cuando termina, se desmo-
vilizaron 36.000. Entregaron sólo 400 chicos. En esa
época tanto las FARC, pero sobre todo las AUC, tuvieron
una estrategia muy agresiva de reclutamiento urbano, y
se presenta un cambio fuerte en el perfil de los chicos
que ingresan al programa.

Entre el 2002 y el 2007, que es el pico de ingreso
al programa por la desmovilización y la salida de chicos,
se observa ese perfil más urbano y muy complejo en
términos de alto consumo de psicoactivos, de ludopatías.
Son chicos menos rurales, mucho más urbanizados, más

ligados a dinámicas de consumo y con unas lógicas de convivencia muy complicadas. Un ejemplo: me dicen en una casa que hay un chico que es inmanejable, voy a conversar con él y le digo: «Oiga hermano, usted está muy llevado de la droga; me dicen que mete mucho perico. Hay una cosa que no entiendo y es, estando usted aquí, dónde consigue el billete para el perico. Me da curiosidad saberlo porque no estamos viendo que usted salga a trabajar, a robar o a atracar; usted se la pasa acá».Y él me dice: «Pues nada, no ve que mi hermana se la gana sentada». Le replico: «Perdón, ¿qué hace su hermana?».Y me responde: «Ella es concejal en un pueblo del Casanare, me manda un billete semanal y yo me lo rumbeo acá. ¿Cuál es su problema? ¿Es suya la plata o qué?». Entonces le digo: «Pues llave, lo que pasa es que ese trote nos está afectando a todos acá, porque usted se está metiendo miles de pesos de perico semanales, ¿entonces, ¿qué hacemos?». Imagínese esas coordenadas vitales de un chico de quince años de edad.

Se refería a diversas adicciones desarrolladas por los jóvenes del nuevo perfil.

Son chicos muy complicados. Están en otra dimensión y con ese tipo de perfil retaron muchísimo el modelo inicial y la lógica del programa. Nosotros hicimos un estudio muy interesante sobre los tres grandes problemas que hubo en ese período, cuáles eran los que nos afectaban más: las adicciones al licor, a los psicoactivos y al sexo.

Encontramos que la sexualidad era un tema que generaba muchísimo conflicto en la convivencia, porque son chicos con una sexualidad activa, acostumbrados a resolverla, y el tema de lo mixto en ese entorno adquiere otra dimensión. Discusiones interesantes y oportunidades interesantes. Le voy a poner otro ejemplo. Al programa le introdujimos una parte de generación de ingresos, así que una vez les consiguieron a unos chicos trabajo en la «rusa» (obreros de la construcción). Ellos dijeron: «Listo, le hacemos a la rusa». Se iban a trabajar todos los días a las cinco de la mañana y volvían a las cuatro de la tarde; era duro y ganaban el sueldo mínimo. De pronto, de la casa nos dicen: «Tenemos un problema y es que los chinos viven aquí con sus mujeres —o sea, hacían parejas—, y los manes están levantando las mujeres a las tres de la mañana a cocinar; como ellos se van a trabajar, necesitan llevar el almuerzo. La señora que trabaja en la cocina llega a las siete de la mañana a hacer el desayuno y luego el almuerzo, pero ellos a las siete ya están trabajando. Entonces ponen a las chinas a cocinarles, reproduciendo el modelo de afuera; así que vamos a tener que trasladarlos». Les dije que antes de trasladarlos, había que charlar con ellos, porque nada ganábamos moviendo el problema de una casa a otra. Vimos allí una oportunidad de que las peladas empezaran a asumir la discusión de género, que es una discusión que tiene muchas posibilidades reales; no la estamos inventando. La equidad de género es una realidad, así que comenzamos a hablar.

Una apuesta arriesgada, interesante.
Le preguntamos a una de las chicas: «¿Usted por qué tiene que levantarse a las tres de la mañana a cocinarle a este man?». Contestó: «Pues porque soy la mujer de él». Le preguntamos al man: «¿A usted le queda muy verraco

cocinar?».Y él respondió: «Los hombres no cocinamos». Entonces le dijimos: «Lo que sucede es que estamos en otro escenario. ¿Qué pasa si usted cocina y la mujer se puede levantar a las siete y no a las tres de la mañana, para que después no esté cansada y pueda estar fresca para ir a estudiar?».

Conversamos, trabajamos con ellos y con las chicas y llegamos a un acuerdo: la señora de la casa les dejaba la comida desde el día anterior. Claro, puede no ser la solución ideal, pero fue un buen comienzo para comenzar a trabajar allí otros temas de forma distinta.

Y después de la primera conquista ya las otras se disparan.

Sí, hay varios ejemplos de esos líos tan complejos con ese perfil de chicos.

A mediados de la década del 2000 estaban replanteando el esquema de las casas como las conocí, y se estaba abriendo un modelo de familias que recibían un pelado o dos pelados. ¿Dio resultado ese esquema?

Después de esa primera etapa de atender chicos en instituciones, que era de alguna manera lo que Bienestar sabía hacer, rápidamente intuimos que había algo más allá y eran las familias, que realmente era el reto; las familias y las comunidades. Se parte de que quien entra a la guerra no es sólo el niño, es la familia y también la red social, el entorno en que está el niño. Esa es una cosa que fuimos entendiendo, porque si el propósito final era sacarlos de la guerra, realmente, ¿a quién se sacaba? Sacas al individuo, pero si la familia sigue en la guerra, ¿qué hemos hecho en ese tiempo? Claro, fortalecemos al sujeto, pero nos enfrentamos a dilemas muy fuertes con las dinámicas familiares, del orden de que el chico estaba muy bien y llegaba la mamá con los dos hermanitos y le decía: «Usted está muy bien acá, pero nosotros seguimos comiendo mierda ahí afuera, sálgase y póngase a trabajar en el traqueteo, porque si no, qué vamos a comer». Esto ocurre en una estructura de familias de mujeres cabeza de familia, donde los hijos hombres mayores viven un proceso que se llama de parentalización, y es que la madre traslada al hijo hombre mayor el rol, la responsabilidad y la emocionalidad del padre.

Tienen que ser proveedores.
Sí, porque ellas los convierten en proveedores, y no solo proveedor de dar; proveedores responsables con toda la carga emocional que significa que usted sea el responsable de sus hermanos. Asistí a conversaciones en donde la mamá se iba y el chino quedaba vuelto nada. Nos inventamos lo que llamamos encuentros familiares, algo muy bonito: traíamos a la familia, porque empezamos a ver que las familias se comunicaban, y encontramos que después de los encuentros familiares se disparaban los abandonos al programa, porque a partir de ellos los chinos quedaban llenos de culpa.

Esa primera intuición de que había que trabajar con las familias llevó a buscar distintas lógicas de trabajo y, entre otras, encontramos dos horizontes. Un horizonte de familias biológicas, a las que los chicos podían volver, pero también que el ICBF tenía una experiencia muy interesante que se llamaba «hogares sustitutos», que son familias no biológicas que acogen a un chico en su casa, y hay un aporte económico del Estado para que puedan soportar los gastos de su atención. Y nos fuimos por las familias sustitutas, que llamamos «hogares tutores».

¿Dio resultado?

Después del tema de la convivencia de chicos en el mismo espacio, es de las cosas más emocionantes, porque encontramos una red de familias que se la jugó para atender a estos chicos.

Detectaron esas familias en todo el país o en zonas específicas.

Empezamos a soportarnos en la red de hogares sustitutos, y luego en una red propia. Nos propusimos que por lo menos el 60 % del programa estuviera en hogares, en familias, y el 40 % en instituciones. Hacia el 2005 nos pusimos esa meta y la cumplimos más o menos en el 2007; logramos que hubiera más chicos viviendo con familias —de las dos, biológicas y sustitutas— que chicos en instituciones; y creamos una lógica de atención: el hogar gestor tenía un equipo de trabajo como unidad de apoyo. Lo que hicimos fue romper la institución como concepto, pero retomamos la lógica de atención que provee la institución y la llevamos al entorno de la familia.

¿Y qué pasó del 2007 para acá? ¿Siguen las casas, siguen las familias, sigue el programa?

El programa siguió; hubo una disminución en el ingreso de chicos y desapareció mucho el perfil rural; cada vez es más urbano.

Así los miembros de las FARC sigan siendo muy rurales.

Sí, ya hay una lógica de una FARC muy urbana; claro, cuando digo muy urbana habría que matizarla.

Son como campesinos citadinos.

En 1999, cuando estábamos organizando acciones del ICBF en diversas regiones, incluida la zona de distensión, vimos que allí había más DirectTV que en el sur de Bogotá. Creo que hay transformaciones culturales que impactan mucho en cuanto a lo que implican los medios en la socialización de los chicos y de los jóvenes, como el tema de que la escuela se apoya en Internet y el niño va hacer tareas en Internet. Eso es otro mundo; algo que aún no se dimensiona. Esa noción del mundo rural bucólico ya es otro cuento.

Lo cierto es que el perfil cambió. Entre el 2007 y el 2008 se estabilizó el ingreso y fue mucho más pequeño; solamente entraban al año un promedio de 300 chicos. Hay un pico en el 2006 de casi 800 chicos, y después empezó a bajar y se estabilizó en 300 por año en los últimos tiempos.

Después vinieron muchos cambios en el ICBF; siento que se mantiene mucho la estructura, pero hubo ahí un costo muy alto en términos de movilidad, tanto de operadores como de equipo regionales. Hay acá una cosa en las políticas públicas que es perversa, no solamente en estos temas sino en todos los temas. El Estado no garantiza las curvas de aprendizaje, y con los cambios de gobierno las vuelve a iniciar cada cuatro años y eso hace que en la acumulación de conocimientos no exista continuidad.

Lo que llaman el síndrome de Adán; el funcionario que llega acaba con lo que dejó el anterior, así fuera muy bueno, para impulsar su propio proyecto.

Es algo muy preocupante. De todas formas, este es un programa muy estructurado, pero igual pasó mucha gente y se hicieron muchos cambios, pero se mantiene la estructura. Siento que se perdió un poco el dinamismo en las innovaciones; en un año cambiar tres veces de equipo nacional y cambiar los equipos regionales afecta. Siento que hay un horizonte un poco inercial de cosas buenas, de cosas que no son tan buenas y siento que ahora hay un momento importante en relación con la elaboración de nuevos lineamientos de atención construidos a la luz de la Ley de víctimas y restitución de tierras, del 2011. Al final del período de Uribe, el equipo de trabajo del programa a nivel nacional, que antes tenía treinta personas, quedó reducido a dos, porque Uribe dijo en esa época que en Colombia no había guerra, y si no había guerra la directora del ICBF concluyó mágicamente que no había niños de la guerra, a pesar de que nos llegaban 300 chicos al año. Entonces dijo: «Si no hay niños, entonces para que tenemos un programa académico». No lo acabó porque había mucha presión, pero sí lo redujo; como le decía, pasó a que dos personas manejaran lo que antes hacían treinta. Se empezó a retomar en el 2012; de hecho, con Santos se recuperó mucho la discusión de víctimas, es su bandera; la ley de víctimas oxigenó, aunque hay unas rutas claras y otras no, pero es mucho mejor a decir que no hay guerra. Para quienes viven los efectos de la guerra hay una ley de víctimas, así sea muy limitada. Ese es un cambio que esperamos que desemboque finalmente en la legitimidad de un proceso de paz y de negociación con las FARC y que el país siga pensando en posconflicto. Es un cambio paradigmático muy importante.

¿Cómo ve la situación de cara al actual proceso con las FARC?

Aquí surgen una serie de preguntas: ¿Cuál será el papel del ICBF como rector de la política de protección a niños, niñas y adolescentes en el proceso de desmovilización? ¿Conoce la oficina del Alto Comisionado para la Paz lo que el Estado colombiano, a través del ICBF, adelantó en el tema en los últimos 15 años? ¿Cómo será la articulación con la cooperación internacional, teniendo en cuenta que el programa del Estado colombiano, desarrollado por el ICBF, es único en el mundo en cuanto a que es diseñado, operado y dirigido por el Estado, a diferencia de otros lugares del mundo en donde los Estados colapsados ceden la atención a la cooperación internacional? Creo que Colombia en su conjunto no es un Estado fallido y en este tema menos. Finalmente, ¿cuáles serán las acciones de política pública orientadas a prevenir el nuevo reclutamiento de los chicos excombatientes, de sus familias y de otros adolescentes en condiciones de vulnerabilidad, por parte de la criminalidad y la ilegalidad, para evitar la repetición transgeneracional de otro nuevo ciclo de violencia en el entorno familiar y social?

GUILLERMO GONZÁLEZ URIBE,
junio del 2016

Agradecimientos

De la primera edición:

A los jóvenes que me contaron sus vivencias; a Adelaida Nieto y Marina Valencia, quienes me llevaron a ellos; a Ana Cristina Mejía y al equipo de la revista Número *—un lugar especial de trabajo y creación—, donde se publicaron los primeros relatos, contando con el apoyo de Yolanda Obregón; a María Clara Ramos, por su compañía en la edición; a Laura Vargas Ramos y a mi hijo Simón González Ramos, quienes me acercaron al tema; a los amigos que estuvieron cerca durante el proceso; a Elkin Rivera y Carlos Yusty, por su trabajo de corrección; a Rocío Navarro, por la labor de transcripción, y al Cerlalc, al* ICBF *y a la* OIM, *por su colaboración.*

De la segunda edición:

A Herbert Tico Braun, Leonor Convers, Margarita Carrillo, Julián Aguirre, Juan Sebastián Aragón, Ana María Echeverri, Simón González, Jesús Abad Colorado, Gabriel Iriarte, Soraya Hoyos, Alexandra Pineda, Marisa Londoño, Fabián Bonnett,

Marina Valencia, Juan Manuel Luna, Elkin Rivera, Rocío Navarro, Andrés Bermúdez, Tatiana Romero, Paula A. Gutiérrez y Luz Marina Giraldo.